JN096852

共振する異界 遠野物語と異類たち

Nagafuji Yasushi
永藤 靖 著

三弥井書店

Ⅲ　異界と交易　145

物語を掘る人
——序にかえて——

袴田　光康

カノンとしての『遠野物語』

『遠野物語』をめぐる三つの「物語」をしてみたいと思う。

『遠野物語』については、もう語り尽くされたという向きもある。「日本民俗学の発祥の記念塔(1)」などと称されるこの書物が、民俗学におけるカノン（聖典）の地位を占めていることには異論がないであろう。だが、この書物が、初めから特権的な地位にあったわけではない。著者である柳田国男は、その増補再版の「覚え書き」にこんな感慨を洩らしていた。

実際『遠野物語』の初めて出た頃には、世間はこれだけの事すらもまだ存在を知らず、またこれを問題にしようとするある一人の態度を、奇異として好事と評していたようである。しかし今日は時勢が全く別である。こういう経験はもういくらでも繰り返され、それが一派の学業の対象として、大切なものだということもまた認められてきた。[2]

これが記された昭和十年（一九三五）という年は、柳田の還暦を記念して民俗学講習会が開催され、それを機に「民間伝承の会」（一九四九年に「日本民俗学会」に改称）が設立された年でもあった。柳田個人の還暦祝いと民俗学の学問的樹立、そうした二重の記念碑的意味合いが、増補再版には込められていたのである。柳田とも交流のあったアイヌ語研究者の金田一京助はこの再版に際して、「日本全土に汪然として興りつゝある郷土研究―祖国文化の再認識―日本民俗学の、今を去る四半世紀前、始めて呱々の声を挙げた最も記念すべき最初の文献である」[3]という賛辞を寄せている。

明治四十三年（一九一〇）に僅か三五〇部の自費出版の形で初版が出版された当初には、「奇異として好事」と評された『遠野物語』であったが、それが二十五年を経て評価を大きく変えている。石井正己[4]の指摘するように、この一九三五年を機として『遠野物語』の価値は新たに据え直されたと言えるだろう。民俗学だけでなく、フランス文学者の桑原武夫（くわばらたけお）もこの増補版を受けて、「遠野物語はまず何よりも、一個の優れた文学書である」[5]と同書を文学作品として評価した。

戦後においても、評論家の吉本隆明が『共同幻想論』[6]において『遠野物語』を取り上げ、また小説家の三島由紀夫[7]が『遠野物語』を名文として激賞した。特に六十年代以降に顕著になる『遠野物語』の再評価は、高度経済成長によって急速に伝統文化を失っていく日本社会へのアンチテーゼでもあったろうが、こうした知識人・著名人たちからの高い評価が、『遠野物語』に文学的な価値を付与した側面もある。その結果、民俗学の分野だけでなく、広く一般にも『遠野物語』は名著として知られるようになった。ここに、『遠野物語』は民俗学の原点であるという一つの「物語」が生まれた。

『遠野物語』の時代

だが、民俗学という学問がまだ認知されていなかった明治四十三年の初版当時の評価を見てみると、例えば、自然主義文学を代表する田山花袋（かたい）は、[8]「明治時代の『老嫗茶話（ろうおうさわ）』と云つたやうな処をねらつて書いたところが面白くもあり、可笑しくもある。道楽に過ぎたやうにも思はれる。」と評している。確かに「道楽に過ぎた」と酷評しているが、花袋が『遠野物語』を「明治時代の『老嫗茶話』と云つたやうな処をねらつて書いた」と評しているのは、どういう意味であろうか。『老嫗茶話』は、江戸時代の寛保二年（一七四二）に三坂大弥太（みさかだいやた）によって編まれた会津地方の奇談集である。これが翻刻されて続帝国文庫『近世奇談全集』に収録されたのは、『遠野物語』の出版より七年前の明治三十六年（一九〇三）のことであったが、その校訂者として名を連ねているのが田山花袋と柳田国男であった。

同書の「序言」には「編者識」として次のように記されている。

> 聞く、二十世紀の今日に當りて、泰西またモダン・ミスチシズムの大幟を揭げて、大にその無聲の聲、無調の調を聞かんとするものありと。吾人極東の一孤客といへども、曾て寂寞の郷に成長し、靈魂の高きに憧れ、運命の深きに感じたる身、いかでかその驥尾に附して、わが心池をして、鏡の

如く明かならしむるを願はざらんや。(9)

この「序言」をどちらが書いたのかは定かでないが、「曾て寂寞の郷に成長し、霊魂の高きに憧れ、運命の深きに感じたる身」という表現などは、柳田その人を想起させるところがある。いずれにせよ、花袋は『近世奇談全集』の延長上に『遠野物語』を位置づけたわけで、「道楽」という批判には、当時の世界的ミスティシズム（神秘主義）の隆盛とそれに伴う怪談小説の流行も視野に入っていたものと思われる。ちなみに、当時の怪奇幻想文学の旗手であった泉鏡花も、『遠野物語』の書評「遠野の奇聞」(10)の中で『老媼茶話』から「朱の盤」の話をわざわざ引用している。『遠野物語』に批判的であった花袋も、好意的であった鏡花も、ともに『老媼茶話』と通じる性格を見ていたということは、当時の『遠野物語』の読まれ方を示唆するものであろう。

柳田自身もまた、初版の「序文」の中で『今昔物語』を引き合いに出しており、山人や河童を語る『遠野物語』が鬼や天狗を語る『今昔物語』に本質的に通じる性質のものであることを自覚していた節が見られる。最も素朴に言えば、当初の『遠野物語』は、民俗学とは無縁な、当時流行した怪談文芸の一つであったということである。

著者である柳田をはじめ、語り手である佐々木喜善、二人を引き合わせた水野葉舟らは、いずれも怪談好きで、彼らが「お化け会」と称した怪談話の会合の場から『遠野物語』は生まれたが、その背景には当時の怪談ブームがあったことが指摘されている。(11)明治後期に知識人や作家らが夢中になった怪談ブームには、急速な近代化への反発として怪談の中に近代化以前の日本の固有文化を見出そうとする側面があったが、それはまた、時代の要請でもあったように思われる。

『遠野物語』が出版された明治四十三年（一九一〇）は、日韓併合の年でもある。植民地主義を強める国民国家にとって「国民」を一つにまとめるために必要であったのが、「国家」の名の下に日本人が共有し得る新しい「ふるさと」のイメージであった。一方、柳田を含め、当時の多くの知識人たちは立身出生を志して、故郷を捨て上京した故郷喪失者でもあった。彼らは、自らが失った故郷の面影を、そして時代が求める国民国家としての日本の新しい「ふるさと」のイメージを、前近代的な日本の土俗性に求めた。その一つが怪談であった。

この点、当時の柳田が官僚として政治の中枢にあったことから、『遠野物語』と植民地政策を結び付ける見方もあるが[12]、これまで見てきたように『遠野物語』は怪談文学であり、怪談文学としての『遠野物語』は、国民国家における新しい「ふるさと」の発見と創造の一環であったと見なすくらいが妥当であるように思われる。ただ、民俗学が「郷土」というキーワードの下に、『遠野物語』の出版から僅か四半世紀の間に急速に学問として樹立されたのには、こうした時代背景があったことは否めない。『遠野物語』が日本の「ふるさと」の原風景であるという二つ目の「物語」は、恐らくこの時代の産物である。

津波と『遠野物語』

三つ目の「物語」に移ろう。二〇一一年の東日本大震災以降、殊に注目された話がある。明治二十九年（一八九六）の三陸大津波を背景として語られた『遠野物語』第九九話である。

土淵村の助役北川清といふ人の家は字火石（ひいし）にあり。代々の山臥（やまぶし）にて祖父は正福院といひ、学者にて著作多く、村のために尽くしたる人なり。清の弟に福二といふ人は海岸の田の浜へ婿に行きたるが、先年の大海嘯（おほつなみ）に遭ひて妻と子とを失ひ、生き残りたる二人の子と共に元の屋敷の地に小屋を掛けて一年ばかりありき。夏の初めの月夜に便所に起き出でしが、遠く離れたる所にありて行く道も浪の打つ渚なり。霧の布（し）きたる夜なりしが、その霧の中より男女二人の者の近よるを見れば、女はまさしく亡くなりしわが妻なり。思はずその跡をつけて、はるばると船越村の方へ行く崎の洞ある所まで追ひ行き、名を呼びたるに、振り返りてにこと笑ひたり。男はと見ればこれも同じ里の者にて海嘯の難に死せし者なり。自分が婿に入りし以前に互ひに深く心を通はせたりと聞きし男なり。今はこの人と夫婦になりてありといふに、子供は可愛くはないのかといへば、女は少しく顔の色を変へて泣きたり。死したる人と物言ふとは思はれずして、悲しく情けなくなりたれば足元を見てありし間に、男女は再び足早にそこを立ち退きて、小浦へ行く道の山陰を廻り見えずなりたり。追ひかけて見たりしがふと死したる者なりと心付き、夜明けまで道中（みちなか）に立ちて考へ、朝になりて帰りたり。その後久しく煩ひたりといへり[13]。

この九九話は、3・11の津波以来、改めて様々に論じられてきたが、ここにその二つの解釈を紹介しよう。まずは三浦佑之の発言である。

本文には「悲しく情けなくなりたれば」と語っているが、その心情を、妻に対して以前から抱いていた疑念や妬み、あるいは恨みというふうな男女間の感情だけで解釈することの不毛さを、津波のあとの幽霊譚は教えているのではないか。福二にとって、妻の幽霊に出逢って救われたという思いが心のどこかにあるのかもしれないと考えてみることこそが、この話が語りだされた瞬間に立ち会うことではなかったか(14)。

この三浦の解釈を受けながら、赤坂憲雄は次のように述べる。

それは疑いもなく、残酷な「和解」であった。たぶん、福二がもっとも苦しんでいたのは、妻の心をひそかに疑い、それを責め続けずにはいられないみずからの暗い心根ではなかったか。福二はきっと、津波に流されたのが自分ではなく、あの男であったことにすら激しく嫉妬に駆られたのである。それが惨めでならなかった。もっとも残酷なシナリオを受け入れて、妻との「和解」を果たすことこそが、福二の物語の底に沈められたテーマであったと、わたしは思う(15)。

突然に愛する人を奪われる悲しさ、理不尽さ、そして自分ばかりが生き延びてしまったことへの罪悪感を抱えた生存者が死者と再会することで果たされる「和解」は、三浦の言う「救われたという思い」とも通じるものであろう。二人の読みに共通しているのは、3・11の大津波による死者や行方不明者に幽霊でもいいから逢いたいと願いながら、今を生きている人々の悲痛なまでの祈りが、第九九話の読みにオーバーラップしている点である。確かに大津波と幽霊譚は、時代を超えてシンクロするように繰り返された。そこに『遠野物語』は救済や鎮魂をテーマとするという平成時代の三つ目の「物語」が新たに付け加えられた。

だが、「悲しく情けなくなりたれば」と自ら語った福二は、果たして「救われた」のであろうか。あるいは「子供は可愛くないのか」とまで亡き妻に詰問した福二が、妻と「和解」を果たしたのであろうか。第九九話のテキストを読む限り認め難いように思われる。

福二は、一年経っても仮小屋住まいの避難生活を送っていたように、妻と二人の子を奪われた喪失感から未だに立ち直れない状態であった。そんな福二が、夏の夜に亡き妻の霊と再会を果たす。妻の霊と再会するまでならば、福二の悲しみが慰められることで、「救い」や「和解」の可能性もあったことだろう。だが、福二が恋慕う妻からは、愛の言葉の代わりに、「一蓮托生」の如く今は初めての男と夫婦になっているという冥界婚の冷酷な事実が明かされる。嫉妬や恨みに打ちひしがれた末に、夜明けまで考えあぐねた福二の心に訪れたのは、「救い」や「和解」ではなく、亡き妻への一種の「諦め」であったことだろう。

逆に言えば、収拾のつかない妻への思いを抱えたままの福二にとって、亡き妻との残酷な「決別」こそが、新しい生活を始めるためには必要であった。つまり、これは、亡き妻が冥界で別な男と結婚したことを知ることによって、極めて辛い形ではあるが、妻を「諦め」て「決別」し、再生の契機を掴む話なのである。わざわざ別な男と二人連れで現れ、「振り返りてにこと笑ひたり」という妻の謎の微笑みに、夫への最後の優しさを読み取るべきなのかもしれない。子どものことを言われて泣いていた妻は、夫との再会によって鎮魂されるのではない。いつの日か再生を遂げた夫が、そのきっかけとなった不思議な一夜の体験を語る時、亡き妻は初めて鎮魂されるのであろう。

3・11以降、実際に被災地では幽霊の目撃談が増えたことは、多くの報告に見られる事実である。また、明治の三陸大津波でも、「船越村田ノ浜は、戸数一三八戸の内、遠く離れた高台の九戸を除き、低地の一二九戸が流失全滅するという大被害を受けた。このときの死亡者四八三名、負傷者一〇〇名と伝えられる[16]」という惨状であり、田の浜付近でも被災当時は多くの幽霊話が語られたであろうことは想像に難くない。この第九九話もその一つであったかと思われる。だが、『遠野物語』に語られた大津波の幽霊話は、これだけである。恐らくは、幽霊でもいいから死者と再会したいと願う人々が「救い」や「和解」を遂げた多くの幽霊話は、癒しを得ることで自己完結し、時間を経る中で消えていったのであろう。その一方で、冥界で元の男と夫婦なって暮らしているという冷酷な幽霊譚、あの世のもう一つの現実というものを突き付けるように語られた幽霊話は、奇怪であり、不条理であり、満たされることがないからこそ、人々の心に強く残り、語り継がれてきたのであろう。

本書への招待

この第九九話と同じ話を、後に喜善自身が『縁女綺聞』として昭和五年（一九三〇）に発表しているが、その『縁女綺聞』と『遠野物語』の第九九話を比較した論考が本書の「『遠野物語』が書かなかったこと」である。その一部を引用したい。

あまりにも美しい、どこかメルヘンにも似た世界を創りあげた柳田の世界に喜善はある種の違和感を感じたのではなかったか。そこには確かに「魂の行方」というモチーフで描かれた完結した物語世界が広がっている。しかし、違う、喜善の心は、もっと生々しい現実世界とあの世、他界との交わりを感じていた。現実が他界に侵される、そういってもよい。あるいは現実と他界が〈共振〉していると。（中略）
悲しい現実の記憶の中にある男と同時に他界は、今や現実と結ばれた〈絆〉であったといってもよい。それはよそ者でしかなかった柳田と喜善の決定的な違いであった。喜善には〈他界〉はすぐ隣りにあった。

喜善の『縁女綺聞』をフィルターとして論じているが、ここでは『縁女綺聞』そのものを問うことはしない。柳田が一つのメルヘンのように仕立てた切ない文学の表層の下にさえ、長年の伝承に耐え得るだけのありありとした冥界の濃度のようなものが確かに潜んでいたことが重要である。

遠野において「〈他界〉はすぐ隣りにあった」ことを実感させられたのは、遠野市立博物館特別展「供養絵額」の解説図録[17]を目にした時であった。「供養絵額」とは死者の供養のために家族や知人らが寺院に奉納した板絵であるが、遠野の「供養絵額」は、家族の団欒、生前の家業の様子、遊ぶ子どもとそれを見守る母親、軍人の肖像など、その図柄が豊かであるばかりでなく、その数一四七点は県下の約四割を占め、数量においても他の地域に比べて圧倒的な多さを示している。鮮やかな色彩で飾られた遠野の「供養絵額」の数々を見ながら、現実世界に〈共振〉する冥界の濃度というものを肌で感じずにはいられなかった。そこには、恩師の語った、この世とあの世の〈絆〉というものが、確かにあった。福二とその妻の物語の意味の地層が、一皮剥けたような気がしたのである。

ことは第九九話に限られた話ではない。物語というテキストは幾重にも読みの地層をなしている。そして、時代によって読者によって、異なる地層が見出され、解釈や評価という新しい「物語」が再生産されて行く。明治、昭和、平成の各時代に『遠野物語』をめぐる三つの「物語」が作られたように。だが、その「物語」の纏う権威を自らの手で掘り壊し、曇りのない目でテキストと向き合わない限り、次の地層は見えてこない。それは、他人のモノまねではなく、一匹狼のように自分を信じてテキストという地層を掘り続けることであり、同時に自分自身を問い続ける孤独な行為だが、本書はまさにその実践の記録である。『遠野物語』の文語体の文章は、今日では決して読みやすいものではなくなったが、本書は『遠野物語』に重層する意味の地層に分け入り、その魅力を案内してくれることだろう。そして、文学という無謀な冒険の快楽をも教えてくれることだろう。

注

(1) 三島由紀夫「遠野物語」『読売新聞』一九七〇年六月十二日(神島二郎編『柳田國男研究』筑摩書房、一九七三年)。

(2) 柳田国男「再版覚え書き」(角川文庫『新版 遠野物語』角川学芸出版、一九九四年)。

（3）金田一京助「『遠野物語』増補版」『東京朝日新聞』一九三六年一月二十六日（後藤総一郎編『柳田國男研究資料集成1』日本図書センター、一九八六年）。
（4）石井正己『柳田国男と遠野物語』三弥井書店、二〇〇三年。
（5）桑原武夫「遠野物語から」『文学界』一九三七年七月号（神島二郎編『柳田國男研究』筑摩書房、一九七三年）。
（6）吉本隆明『共同幻想論』河出書房、一九六八年。
（7）（1）に同じ。なお、三島には『遠野物語』を文学作品として絶賛した「小説とはなにか」（『文芸読本　柳田國男』河出書房、一九七六年）の著述もある。
（8）田山花袋「インキ壺」『文章世界』一九一〇年5―9（後藤総一郎編『柳田國男研究資料集成1』日本図書センター、一九八六年）。
（9）田山花袋・柳田国男編校訂　続帝國文庫第四七編『近世奇談全集』博文館、一九〇三年（国立国会図書館デジタルコレクション　https://dl.ndl.go.jp/info:ndljp/pid/1882619）。
（10）泉鏡花「遠野の奇談」ちくま文庫（『泉鏡花集成8』筑摩書房、一九九六年）。
（11）東雅夫『遠野物語と怪談の時代』角川学芸出版、二〇一〇年。
（12）村井紀『南島イデオロギーの発生』岩波現代文庫、岩波書店、二〇〇四年。
（13）前掲（2）同書の六〇頁。
（14）三浦佑之「九九話の女―遠野物語と明治三陸大津波」（河合俊雄・赤坂憲雄編『遠野物語　遭遇と鎮魂』岩波書店、二〇一四年）二一五頁。
（15）赤坂憲雄「和解について」（前掲（14）同書）二三五頁。

（16）遠野常民大学編『注釈 遠野物語』筑摩書房、一九九七年、三〇一頁。
（17）特別展示図録『供養絵額—残された家族の願い』遠野市立博物館、二〇〇一年。

凡例

・漢数字に関しては、十、百、千など「十方式」で表記したが、西暦、及びテキストの話数を示す場合は、漢数字を並べて表記する「一〇方式」を用いた。
・引用文献の出典を示す場合、原著発行年もあわせて表記した。
・本文で語られる河川名や神社などの所在地は、現在の地名に改めたが、古い地名をそのまま記した場合は（　）に現在の地名を記した。
・引用した文献の出典は以下の通り。

柳田国男『遠野物語付・遠野物語拾遺』角川文庫、一九五五年十月。ただし、明らかな誤植は『柳田国男全集』（ちくま文庫、一九八九年十月）所収の『遠野物語』によって正した。

植垣節也校注・訳『風土記』小学館（新編日本古典文学全集）一九九七年十月。ただし、逸文は秋本吉郎校注『風土記』岩波書店（日本古典文学大系）一九五八年四月。

倉野憲司校注『古事記』岩波文庫、一九六三年一月。

小島憲之他校注・訳『日本書紀』小学館（新編日本古典文学全集）一九九四〜九八年。

伊藤博校注『万葉集』角川文庫、一九八五年三月。

中田祝夫全訳注『日本霊異記』講談社学術文庫、一九七八〜八〇年。

I　里と山

〈異界〉から遠野物語を読む
——流動化する世界像——

はじめに

遠野地方は、まわりを山々に囲まれた盆地の中にある。

これまで、そうした世界で展開される話は、おおよそ二つに分けられて論じられてきたように思う。一つは町場とその農村部を中心にした〈里〉という空間において展開される話である。もう一つは、里の外延部に広がる〈山〉という奥深い空間において語られる話である。

山々での不思議な霊異譚について触れた論考は数多く見られる。また里における不思議な、時に怪奇な話に注目した論考も枚挙にいとまがない。しかし、これらの〈里〉の話と〈山〉の話は、それぞれが遠野の人々の心に無関係に住み続けてきたのであろうか。言い換えれば、二つの空間で生起した（と思われる）幻想は、人々の中にどのように構造化されているのか、という問題でもある。あるいは、この二元的な世界、少なくとも柳田国男が『遠野物語』（以下『物語』）の初版序文で「願はくはこれを語りて平地人を戦慄（せんりつ）せしめよ」と述べているように、遠野郷という世界を、「平地」に対する山深い里とだけとらえてよいのであろうか。

本論は、そうした二つの世界での不可思議、怪奇な事件、事象が、遠野の人々にとってどのような意味を持っていたのか、また、自らの世界に対するそのような異なる世界をどのように認識していたのかを考察、分析したものである。

一　埋めこまれている境界

『物語』第八九話は、次のような話である。

山口より柏崎へ行くには愛宕山の裾を廻るなり。田圃に続ける松林にて、柏崎の人家見ゆる辺より雑木の林となる。愛宕山の頂には小さき祠ありて、参詣の路は林の中にあり。登口に鳥居立ち、二、三十本の杉の古木あり。その旁にはまた一つのがらんとしたる堂あり。堂の前には山神の字を刻みたる石塔を立つ。昔より山の神出づと言ひ伝ふる所なり。和野の何某といふ若者、柏崎に用事ありて夕方堂のあたりを通りしに、愛宕山の上より降り来たる丈高き人あり。誰ならんと思ひ林の樹木越しにその人の顔の所を目がけて歩み寄りしに、道の角にてはたと行き逢ひぬ。先方は思ひがけざりしにや大いに驚きてこちらを見たる顔は非常に赤く、眼は耀きてかついかにも驚きたる顔なり。山の神なりと知りて後をも見ずに柏崎の村に走り付きたり。（第八九話）

柳田国男がこの「山の神」をどのように考えていたかは、この際問わない。山の神、山男、山女、あるいは山人と呼称される者に対して、この時期の柳田が特殊な見方をしていたことはつとに知られているが、これらの人々（神）が里人とは異なる者として遠野の人々に認識されていることは重要である。自分たちと異なる別の世界、すなわち〈異界〉がすぐ間近にあるという感情がこの話の背後からは透けて見えてくる。おそらく和野の何某が遭遇したものは、伝承のレベルでは幻想であったとしてもよい。その場所が、山の神に出会うスポットとして遠野の人々に長く記憶されていて（この話の注記として、この場所に山神の石塔があることが書かれている）、それがこのような幻想を見せたのかもしれない。しかし、そのことはそれほど重要な問題ではない。この場所が〈里〉と〈山〉の境界であることが、ここを通過する者にある心的影響を与え、このような幻を見せたのである。さらに言えばこの事件が起こったのは、昼と夜の間、夕暮れ時という境界的な時刻であった。また続けて言えば、ここに出てくる愛宕神社は、いわば地付きの遠野の神を祭祀した社ではなく、おそらく時代はわからないけれども、火伏の神として京都から勧請されたものであった[1]。愛宕神社のアタゴは、アダシ、アタといった、向こう側を意味する語で、この信仰の基層部にあるのは、京都の葬場の機能を果たしていた空間であった。つまり、ここでもこの山の神と出会うトポスは、〈里〉と〈山〉の境界的な空間を表している。しかも、この山の神の顔は、赤く、目が輝いていることに注目しよう。おそらく、出会った者がこのように見えたのは、それが自分たちとは異なる人間、否、〈異界〉から出現した異人（神）と幻想されたからにほかならなかったのである。

以上のように見てくると、第八九話は、遠野という地域空間を分節化する話であったことがわかる。それでは次のような話はどうであろうか。

> 菊池弥之助といふ老人は若き頃駄賃を業とせり。笛の名人にて夜通しに馬を追ひて行く時などは、よく笛を吹きながら行きたり。ある薄月夜に、あまたの仲間の者と共に浜へ越ゆる境木峠を行くとて、また笛を取り出して吹きすさみつつ、大谷地といふ所の上を過ぎたり。大谷地は深き谷にて白樺の林しげく、その下は葦など生じ湿りたる沢なり。この時谷の底より何者か高き声にて面白いぞーと呼はる者あり。一同ことごとく色を失ひ逃げ走りたりといへり。（第九話）

谷の底から声をかけてきた者の正体はわからない。しかし、その声は弥之助だけでなく駄賃付けの一行も聞いていることは重要である。集団が同じ声を聞いている、あるいは聞いたと錯覚している。

境木峠は、遠野から太平洋側へ越える道で、ここでも峠ということばが示しているように、その空間は境界的な場所であった。笛はそうした向こう側の異形の者をはからずも呼び出してしまったのである。笛が他の楽器と異なるのは、竹の節が抜かれた管によって音がでる仕掛けを持っていることにある。つまり吹きこまれる息は、節という結節点を超えて、つまりこちら側から〈異界〉までも流れていく呪的な機能を持っていた。一行が集団的な催眠にかかったのは、まさにその笛の音色のせいであり、そして峠というトポスのせいであった。また、次のような話もある。

> 閉伊川の流れには淵多く恐ろしき伝説少なからず。小国川との落合に近き所に、川井といふ村あり。その村の長者の奉公人、ある淵の上なる山にて樹を伐るとて、斧を水中に取り落としたり。主

人の物なれば淵に入りてこれを探りしに、水の底に入るままに物音聞こゆ。これを求めて行くに岩の陰に家あり。奥の方に美しき娘機を織りてゐたり。（中略）振り返りたる女の顔を見れば、二、三年前に身まかりたるわが主人の娘なり。（後略）（第五四話）

淵に斧を落としてしまい、これを探しに水中に入って行くとそこには別世界があった。家があり、そしてそこには以前死んだ主人の娘が機を織っていたというのである。まさに水中の〈異界〉に奉公人はまぎれ込んでしまったわけだ。ここにも〈異界〉への入口が顔をのぞかせている。（遠野に数多く見られる河童伝承もこうした世界を背景にしている。この点は後に触れる）。

以上、〈里〉と〈山〉の境界が舞台になっている話をとりあげた。このような境界性を持った話は、第四九話の仙人峠の話をはじめとして数多くとりあげられている。あるいは次のような話もある。

黄昏に女や子供の家の外に出てゐる者はよく神隠しにあふことは他の国々と同じ。松崎村の寒戸といふ所の民家にて、若き娘梨の樹の下に草履を脱ぎおきたるまま行方を知らずなり…（第八話）

人口に膾炙されたサムトの婆の話の一部である。ここでは「梨の樹」が〈里〉と〈山〉を分ける境界的な記号となっている。「草履を脱ぎたるまま」とは、いわばこの世から消え失せるサインであり、〈異界〉へおもむくための挨拶であったと考えられる。（この問題は後に触れる）。

ところで、次のような例はどうであろうか。〈異界〉が必ずしも〈里〉と〈山〉といった空間を分けるものばかりではなかったことを表している。

> 山口の田尻長三郎といふは土淵村一番の物持なり。当主なる老人の話に、この人四十あまりの頃、おひで老人の息子亡くなりて葬式の夜、人々念仏を終はり各帰り行きし跡に、自分のみは話好きなれば少しあとになりて立ち出でしに、軒の雨落ちの石を枕にして仰臥したる男あり。よく見れば見も知らぬ人にて死してあるやうなり。月のある夜なればその光にて見るに、膝を立て口を開きてあり。この人大胆者にて足にて揺がしてみたれど少しも身じろぎせず。道を妨げてほかにせん方もなければ、つひにこれをまたぎて家に帰りたり。次の朝行きて見ればもちろんその跡方もなく、また誰もほかにこれを見たりといふ人はなかりしかど、その枕にしてありし石の形と在りどころとは昨夜の見覚えの通りなり。（後略）（第七七話）

葬儀の夜に起こった怪事である。ほかにも「雨落ち石」にまつわる怪談が『拾遺』第一七〇話に出ている。あるいは、逮夜（たいや）の夜、門口にある石に死んだはずの老女が腰をかけていたといった話（第二三話）を『物語』は収録している。

この「雨落ち石」とは、一般的には「砌（みぎり）」と呼ばれるもので、茅葺屋根には雨樋を付設しないのが常であるため、雨だれが直接真下の地面に落ちないように家の周りに置かれた石をいう。つまり砌は、家という建造物とその外部を分ける機能を果たしつつ、心的には〈家〉の内と外を分節化する象徴的な意味を一方では持っていた。これらの話が、葬儀に関わるのは、この砌が死と深く関係しているためでもある。死者を出した家では、葬儀でその者を収めた棺を決して玄関口や他の入口からは出さない。棺は、安置されていた座敷から真っ直ぐ家の外に運び出され、その時、この砌を越えて行くのである。死者との別れの儀礼である。砌を越えた時、その死者は、もはやこの家の住人ではない。生から死の側へと移送されたのである。こうした習俗は、すでに中世期にまで遡ることができるが、まさに現実と〈異界〉を分ける境界がこの「雨落ちの石」だったのである。(2) 家とその外部を分けるこのような話に対して、次のような話もある。

これは田尻丸吉といふ人がみづから遭ひたることなり。少年の頃ある夜常居(じやうゐ)より立ちて便所に行かんとして茶の間に入りしに、座敷との境に人立てり。幽(かす)かに茫としてはあれど、衣類の縞(しま)も眼鼻もよく見え、髪をば垂れたり。恐ろしけれど、そこへ手を延ばして探りしに、板戸にがたと突き当たり、戸のさんにも触りたり。されどわが手は見えずして、その上に影のやうに重なりて人の形あり。その顔の所へ手をやればまた手の上に顔見ゆ。常居に帰りて人々に話し、行燈(あんどん)を持ち行きて見たれば、すでに何物もあらざりき。（後略）（第八二話）

ここに出てくる「常居」とは、家族が日常的に過ごす空間で、次の部屋の「茶の間」とは異なる。茶の間は、「座敷」と常居の境に位置する関係になる。座敷が特別な非日常的、聖なる空間であるとすると、常居は、日常的、俗なる空間であるということになろう。家の中でもこうした境界的な場において不思議で奇妙なことが生起するのである。つまり〈家〉の内と外を分ける境界が一方には存在し、また他方では〈家〉の内部においても聖と俗を分ける境界的な場が意識されていたことになる。しかしながら、このような境界は、村人の家の中にだけあるのではない。

…遠野の町の豪家にて、主人大煩ひして命の境に臨みし頃、ある日ふと菩提寺に訪ひ来たれり。和尚鄭重にあしらひ茶などすすめたり。世間話をしてやがて帰らんとする様子に少々不審あれば、跡より小僧を見せにやりしに、門を出でて家の方に向かひ、町の角を廻りて見えずなれり。その道にてこの人に逢ひたる人まだほかにもあり。誰にもよく挨拶して常の体なりしが、この晩に死去してもちろんその時は外出などすべき様態にてはあらざりしなり。後に寺にては茶は飲みたりや否やと茶碗を置きし処を改めしに、畳の敷合はせへ皆こぼしてありたり。（第八七話）

ここでは、不思議な、霊的な現象は、その者が属している菩提寺で起こっている。生から死へと向かう者の境界的な場所、あるいは日常から超え出ていく入り口として寺そのものが境界性を帯びているように描かれている。まさに死にゆく者の霊魂は、寺の住職に対面し、この世との決別の挨拶をするために訪れるわけである。しかも興味深いのは、その寺の中には、あたかも入れ子のように空間を分節化する境界がある。「畳の敷合はせ」である。すでに遊離した魂は、出された茶を飲むことはできない。それは、境界的な畳と畳の間の中に吸いこまれていくほかはない〈異界〉の水であった。こうした寺の境界性については、第九七話にも登場し、そこでは遊離した魂があの世を見るという、より具体的な世界像が描き出されている。

以上、『物語』に描かれている境界について見てきた。〈里〉と〈山〉との間にも境界があり、〈里〉と〈家〉の間にもそれはあった。あるいは〈家〉という建造物の中にも境界的な場があったのである。境界はこの物語においては、空間的にだけ現れているのではなく、時間的にも現れるもので、その意味では境界は、可変的、可動的であり、それは、時として至る所に現れて、空間を分節し、遠野の人々の生活や心的状況を規制しているのである。あたかもそれは、入れ子のように、あるいは辣韮の皮のように現れ、そして、消えるのである。

それでは境界によって分けられたもう一つの世界、〈異界〉を、この物語はどのように語っているであろうか。

二　山の異界　里の異界

A．遠野郷にては豪農のことを今でも長者といふ。青笹(あおざさ)村大字糠前(ぬかのまへ)の長者の娘、ふと物に取り隠されて年久しくなりしに、同じ村の何某といふ猟師、ある日山に入りて一人の女に遭(あ)ふ。恐ろしくなりてこれを撃たんとせしに、何をぢではないか、ぶつなといふ。驚きてよく見ればかの長者がまな娘なり。何ゆゑにこんな処にはゐるぞと問へば、ある物に取られて今はその妻となれり。子もあまた生みたれど、すべて夫(をつと)が食ひ尽くして一人かくのごとくあり。おのれはこの地に一生涯を送ることなるべし。人にも言ふな。御身も危ふければ疾(と)く帰れといふままに、その在所をも問ひ明らめずして逃げ帰れりといふ。（第六話）

B．白望（しろみ）の山に行きて泊れば、深夜にあたりの薄明るくなることあり。秋の頃茸（きのこ）を採りに行き山中に宿する者、よくこの事に逢ふ。また谷のあなたにて大木を伐り倒す音、歌の声など聞こゆることあり。この山の大きさは測るべからず。五月に萱（かや）を苅りに行くとき、遠く望めば桐（きり）の花の咲き満ちたる山あり。あたかも紫の雲のたなびけるがごとし。されどもつひにそのあたりに近づくことあたはず。かつて茸を採りに入りし者あり。白望の山奥にて金の樋（とひ）と金の杓とを見たり。持ち帰らんとするにきはめて重く、鎌にて片端を削り取らんとしたれどもそれもかなはず。また来んと思ひて樹の皮を白くし栞（しをり）としたりしが、次の日人々と共に行きてこれを求めたれど、つひにその木のありかをも見出し得ずしてやみたり。（第三三話）

C．旧家にはザシキワラシといふ神の住みたまふ家少なからず。この神は多くは十二、三ばかりの童児なり。をりをり人に姿を見することあり。土淵村大字飯豊（いひで）の今淵勘十郎（いまぶちかんじゅうろう）といふ人の家にては、近き頃高等女学校にゐる娘の休暇にて帰りてありしが、ある日廊下にてはたとザシキワラシに行き逢ひ大いに驚きしことあり。これはまさしく男の児なりき。同じ村山口なる佐々木氏にては、母人ひとり縫物をしてをりしに、次の間にて紙のがさがさといふ音あり。この室は家の主人の部屋にて、その時は東京に行き不在の折なれば、怪しと思ひて板戸を開き見るに何の影もなし。暫時（しばらく）の間坐りてをればやがてまたしきりに鼻を鳴らす音あり。さては座敷ワラシなりけりと思へり。この家にも座敷ワラシ住めりといふこと、久しき以前よりの沙汰なりき。この神の宿りたまふ家は富貴自在なりといふことなり。（第一七話）

D．川には河童（かっぱ）多く住めり。（中略）かくすること日を重ねたりしに、しだいにその女の所へ村の何某といふ者夜々通ふといふ噂立ちたり。始めには婿が浜の方へ駄賃附に行きたる留守をのみ窺ひたりしが、後には婿と寝たる夜さへ来るやうになれり。河童なるべしといふ評判だんだん高くなりたれば、一族の者集まりてこれを守れども何の甲斐もなく、婿の母も行きて娘の側に寝たりしに、深夜にその娘の笑ふ声を聞きて、さては来てありと知りながら身動きもかなはず、人々いかにともすべきやうなかりき。（後略）（第五五話）

Ａ・Ｂ・Ｃ・Ｄの四例をあげた。ＡとＢは、一応〈山〉の中にある〈異界〉ということになろう。Ａは、〈里〉から連れ去られ、山の中に拉致された娘と猟師が遭遇する話である。猟師は娘が過去に忽然と行方不明になったことを知っていた。彼は、娘が、得体の知れない山男と夫婦となり、山中で生きていることを知る。子供も数多くもうけたがすべて男に食われてしまったと聞く。そしてここにいるのは危険であるからすぐにこの場を立ち去れといわれて、退散したという。この猟師の山における経験をほかに見たものはいない。それは猟師の妄想かもしれない。それともかれの与太話かもしれない。あるいは、三浦佑之(すけゆき)が言うように山中を長い期間、孤独に耐えて獣を追い、疲労困憊した男性が見た幻想かもしれない(3)。そこにはかすかに性的なイメージさえあった。しかし、今問題なのは、この猟師の見たものが事実にもとづくものか、幻想、幻影であったかという点にあるのではない。猟師が里人にこの事件を語り、それが伝承のレベルで信じられてきたということである。おそらくその〈語り〉の中にリアルなものを感じなければこの物語は、はかなく消えて、柳田のもとには到達しなかったにちがいない。

Ｂは白望の山奥で金の樋と杓を発見し、これを持ち帰ろうとしたが、重くて叶わず、樹に栞をつけて戻ったという伝承である。しかし、その栞は見つからず、とうとうその金の在処(ありか)には行きつけなかった、という話である。この話も山に入った者の幻想かもしれない。あるいはその幻想は、内藤正敏(まさとし)が言うように、この地方に産する鉱物資源の影響を受けた話であったかもしれない(4)。だが問題は、もしそうであったとしても、ここには〈里〉の人々が〈山〉に描いたユートピア幻想、富の幻想とそれを得ることの不可能性を描いていることが重要であろう。そう言えば『物語』にはマヨイガと呼ばれる山の彼方にあると考えられていたユートピアの話がいくつか出てくる。たとえば第六三話、第六四話は、この世界に行きついた体験を語った話であった。第六三話は、少々「魯鈍」な女性が蕗を取りに出かけてマヨイガに踏み込み、「立派なる黒き門」、「大なる庭にて紅白の花」、「牛小屋ありて牛多くをり、馬舎ありて馬多く」、そして座敷には「膳椀(ぜんわん)をあまた取り出」すような世界を見せられた。この者は、この屋敷が山男の家ではないかと恐怖して逃げ帰るが、後に川から流れてきた膳椀一個を拾い、これが原因で、現在のように三浦家は富豪となったというのである。同様に第六四話も屋敷の描写はまったく同じである。しかし、ここではマヨイガに踏み込みながら逃げ帰ったのは同じだが、後に人々とともにこの地を探したけれども見つけることはできずにむなしく帰ったという。欲のない一方は富を得ることに成功し、他方はこれを求めて失敗する、という話である。

しかしながら遠野の人々が思い描いた桃源郷、理想像が期せずして一つの型を持っていることは興味深いことである。それは〈異界〉でありながらなんと現実と酷似している世界であったことか。

Cは〈里〉の〈異界〉を描いたものである。今淵勘十郎という者の屋敷には、ザシキワラシが住んでいて、このような家は富貴自在であるという話である。問題は、そうしたムラの富裕な家に対する村人の視線である。ザシキワラシという妖怪（神）のいる〈異界〉を抱え込んでいるような家が富裕であるという点に注目しなくてはならない。その証拠に、第一八話に出てくる山口孫左衛門という旧家の話では、村人がこの家から出てよその家に移ろうとする童女のザシキワラシを目撃している。まもなくこのことがあって後、この旧家は悲劇にみまわれ、七歳の女の子一人を残して死に絶えたと述べている。つまりここでも家の盛衰がザシキワラシの存在の有無によって語られている。しかもそれを語り、伝承していく主体が村人であったという点に注目しておこう。

Dは、娘に婿をとった後、彼女が河童にとり憑かれた話である。やがて婿が留守の夜に忍んで娘のもとに通うという噂が村中にたった。そのうちに「婿と寝たる夜」さえ来るようになり、婿の傍らにその母親が寝て守ったけれども、いかんともし難かったというのである。娘は、後に「水掻き」のある河童の子を産んだという。

この怪談のような話もまた家の中に〈異界〉を抱え込んでいるといってよい。表層の話の内容は、河童の妖怪的な物語である。しかし、その深層において語られているものは、深刻で、残酷なものであるように見える。おそらく、この「水掻き」のある子のその後は、物語において具体的には語られていないが、当時の水子の習俗と同様、闇から闇へ葬られたのであろう。

以上、四例の話をとりあげてきた。しかしながらこの〈異界〉は、どのようにして生まれてくるのであろうか。

三　憎悪と憧憬

『物語』では、至る所に境界が生まれ、その向こうに〈異界〉が発生してくるように見える。これらの〈異界〉は、それを〈語る〉村人とどのような関係にあるのであろうか。

一つは、〈里〉の人々の、すなわち村人の〈山〉という世界に対する思いである。里の人々は、たとえ町場であっても、あるいはその周縁部で農業、牧畜等に従事する環境にあっても固定的な地縁的な共同体を形成していたことは確かであった。そうした里から山の世界を見た場合、そこへ踏み込んでいく人々は限られていた。林業に従事する者、鉱山師、木地師（きじし）、あるいは猟師等、山を生業の中心としている者であった。といって、彼らもまた生活の重心は里にあったのである。〈山男〉、〈山女〉、〈天狗〉、〈山の神〉といった項目が『物語』に見えるが、そうした異形の者との出会いは、山に入って行った者の体験として語られ、やがて確固とした事実譚として伝承され、変容していったのである。

しかし、そうした話がただ畏怖すべき、あるいは不可思議な特異な体験であるという、その一点において〈里〉の共同体に浸透、流布する力を持っていたわけではない。否、たとえどのような奇妙な、希有な体験であっても、それはその体験者個人の経験であり、その限りにおいて、その話は、個を超えて共同の幻想として、共有されて成長していくことはできない。別なことばで言えば、〈里〉と〈山〉とを結ぶ共通のキーが必要であった。そのキーによって里の人々は、その伝承の〈語り〉の奥底にあるリアリティーを感得したのである。たとえば先に引用したA（第六話）の話に戻せば、ある猟師が山に入り、たまたま昔行方不明となった長者の娘に遭遇する体験が語られている。今では「ある物」に捕らえられて、その妻になっているという。しかもその物との間には子供が何人もできたが、すべて、その物が食い尽くしたという恐ろしい話を語って聞かせた。そして、猟師は、おまえも危ないから早くこの場を立ち去れ、と言われる。この話が事実であるかどうか、それは、今問題ではない。たとえば三浦佑之が言うように山に入り、孤独な時間の中で見た男の幻想としてもいい。あるいは、吉本隆明（たかあき）が言うようにムラを出て行った娘は、必ずや不幸になる、という教訓の話としてもよい(5)。

しかし、この話が村落共同体の中で、成長、流布していった〈語り〉の力は、じつはそこにはないのではないか。この話の底流にあるのは、勿論、里人の〈山〉に対する恐怖であろう。しかし、単なる恐怖ではない。この過去に行方不明になった女性が長者の、いわば村落共同体が認める突出した豪農であったことは、この〈語り〉の重要な要素である。

もしかすると、この〈山〉へと拉致された娘の幻は、じつはなんらかの事情によって村人の属する〈村落共同体〉から離脱していった事実にもとづくものであったかもしれない。勿論、そうしたことを吉本が言うように〈村落共同体〉は許すはずもなかった。そして村人にとってこの「長者」の娘は、自分たちの世界から遊離した〈異界〉性を抱えた存在そのものであったのである。

このような〈語り〉は、前述のC（第一七話）、ザシキワラシの話においても同様のことが言えるであろう。

ザシキワラシが出現する舞台は、この話でもわかるように「旧家」の家であった。今淵勘十郎は「東京に行き不在の折なれば」と語られているように、この妖怪が出現した時には家にはいなかった。なぜ、〈語り〉はこの家の主人が留守である、というシチュエーションを設定する必要があったのであろうか。おそらく主人の家における存在、不在とザシキワラシの出現は、本来、無関係であったはずである。とすれば、この〈語り〉の心理の奥底には、村人の憎悪が隠されているのではないか。別の言い方をすれば、この話の語られている時代背景を考慮に入れると、当時、遠野といった東北の一地方から東京へ、一家の主が行くというようなことはきわめて希な出来事であった。というより、村人にとっては、自分の属する共同体から離れ、「東京」に行くといったことは、起こりようもない日常を生きていたのであり、この主人との間に大きな隙間、亀裂を感じていたとしても不思議ではない。「東京」とは、村人にとって、いわばもう一つの〈異界〉でしかなかったのである。興味深い例が『遠野物語拾遺』(以下『拾遺』)第一五四話にあるので、その話の概略を引く。

土淵村から某仁太郎は近衛連隊に入営していた。彼は、逆立ちが得意で、起床ラッパが鳴ると起き出すや、いつものように台木の上で逆立ちをはじめた。ところがこの時には失敗して逆さに落ちて気絶する。午後の三時頃まで前後不覚であった。その間の話を彼は次のように語ったという。常日頃、故郷の遠野に帰りたいと思っていた自分は、営内を駆け出したが思ったように足が進まない。そこでいっそのこと飛んでいこうと思い、昼下がりに村の上に来ると、妻と嫂が家の前の小川で脛を出して足を洗っている。家に入ってみると母が長煙管(きせる)で煙草を喫いつつ笑顔で自分を迎えた。しかし、せっかく帰宅してもなんのもてなしもない。そこで家を飛び出し兵営に戻ってきたのだという。

明治時代の話であろう。某仁太郎は遠野・土淵村から東京の近衛連隊に入っていた。東京と故郷の関係は、この話では主人公の逆立ちという身体的、心理的なものに置き換えられている。つまり倒立することで、気を失っている間、この男の魂は故郷に帰っていったことになろう。妻と嫂の腟を洗う映像には、性的な匂いがする。東京での某仁太郎の性的な渇きが、このような幻想を描かせたのであったろう。倒立した世界像という意味では、故郷に中心をおけば、まさに東京は魂が往還する〈異界〉であったといってよいだろう。その〈異界〉という倒立した、非日常から魂は故郷を目指したのであった。

このように考えると、旧家の今淵勘十郎の〈東京〉が村人にどのように映っていたか想像に難くない。いわばこの家は、村人にとって自分たちとは異なる世界に属する人々であった。加えるに、この家の娘は「高等女学校」に入っていて、おそらく日頃は盛岡近辺で生活していたのである。村人から見れば女子に高等教育をほどこすことは考えられない異常なことであり、また若い娘を自分たちの属している共同体の〈外部〉に出すことも想像できないことであった。

勿論、そうした主人の東京行き、娘の教育には大きな経済的裏付けが必要であった。一般の村人には手の届かない財産がこの家には眠っていたのである。その財産の蓄積を説明するためには、どうしてもその家にザシキワラシが棲みついていなければならなかったのである。したがってザシキワラシは、村人にとって、一方では羨望の記号であり、他方では自分たちとは異なる、少々薄ら寒い家であり、憎悪の記号でもあったのである。別な言い方をすれば、村人にとっては、そのザシキワラシの棲みついた〈家〉は、また〈異界〉の記号でもあったのである。ザシキワラシ二人が、旧家の山口孫左衛門の家を出て、別の家に移動する話（第一八話）は、孫左衛門の没落と新たな豪家の誕生、つまり富の移動を語る話であると同時に、新たな〈異界〉の再生産を語る話でもあったのである。

同じようなことは、河童の出現する話についても言えよう。D（第五五話）の婿の留守に忍んできて娘を犯す話に出てくる、この〈家〉もまた「如法（にょほう）の豪家にて何の某といふ士族なり。村会議員をしたることもあり」といった家柄であった。その家の暗い奥で何が行われていたか、村人は、うすうす感づいていたのであろう。旧家ゆえに意に添わない結婚を強いられた娘には、以前から相思相愛の恋人がいたとしてもいい。その男と示し合わせて婿の留守に男は忍んでくるのだ。しかし、それがたび重なれば、当然、村人の目にとまり、スキャンダラスな風評がたつのは明らかであろう。「河童」とは、そうした旧家と〈村落共同体〉の間に結ばれた黙契であった。共同体からはみ出した、というより許されない村人の倫理観とひきかえに、わが家が、河童の出没する〈異界〉性を持つところとして、その烙印に甘んじたのであった。

このように見てくると、AもCもDも村人からは突出した豪家を舞台にした話であった。閉じられた共同体にあっては、そこにある富や財産の総量は一定であり、それがその内部で移動することはあっても外部に流出することはない、そのように人々は幻想するのである。また急激な経済的な変化、たとえば没落とか繁栄は、財の消失あるいは移動というふうには考えることはできなかった。ある時はザシキワラシのせいであり、ある時は河童のせいであり、ある時はマヨイガのせいであり、ある時はオシラサマといった〈異界〉に繋がるものが、その者の運命を変えたと考えたのであった。そうした運命的変化は、個人の努力や選択によっては不可能であり、まさに〈異界〉の力によって実現されるものと認識されていたのであった。

したがって、長者は一方では憧憬のまなざしで見られるけれども、他方では〈異界〉性に対する憎悪の感情を生む対象であった。〈憧憬〉と〈憎悪〉あるいは〈羨望〉と〈畏怖〉、そういった二重の心理がこれらの〈異界〉を現出させているといってよいだろう。そう言えば『物語』において過酷な運命に翻弄される女性の多くは、ムラの豪家の娘たちであった。右にあげた話をはじめとして、すでに引用した第五四話の水中に囚われの身となっている娘も、奉公人を使用しているような家柄の娘であった。とすればこれらの〈異界〉を描いた話の〈語り〉の背後には、こうした富を収蔵した者への村人の懲罰的な心理と憎悪の感情が隠されているのである。

最後に、Ｂ（第三三話）の〈異界〉について述べておく。

この話は、〈山〉の奥深くに求められた黄金の幻想である。〈里〉という現実の反世界としてそこには豊かな富が存在している。そうした〈憧憬〉と同時に、山に対する〈畏怖〉の感情が同様に二重に表現され、そこに〈異界〉が現れるのである。それも「白望の山奥にて金の樋と金の杓とを見たり」と、たまたま茸取りに山に入り、これを発見する。〈異界〉によってそのようなものを見せられるのである。その意味では第六三話のマヨイガに行きついた「少しく魯鈍」な妻の話と同じで、こちらがいっそう際だっている。「魯鈍」ゆえに蕗を求めて奥山に入り、反って〈異界〉に導かれてマヨイガを見せられ、富を与えられようとするのだ。何も取らずに逃げ帰ると、今度は、〈異界〉の方がこの妻に「赤き椀」をプレゼントしようとして川を流れてくるのである。妻の家、三浦家はこの椀のせいで「これより幸福に向かひ、つひに今の三浦家となれり」ということになる。魯鈍な無欲の者は富を得、栞をたよりにしてわざわざ金の樋と杓を求めた者はそれが実現しない。そこにあるのは民話の無欲と欲深い者の対比、教訓のように見えて、じつはそうではない。「魯鈍」はここでは神から、すなわち〈異界〉から祝福された、選ばれたスティグマであったのであり、その〈異界〉の力がこの家を富裕にしたのであった。

四　異界の発生する場

先に、閉じられた世界では富や財産は、そこでは一定であるという幻想について述べた。少なくとも物語からはそのように読んでよいし、そのように読める。しかし、遠野という一地域の歴史的現実はこの物語世界とはよほど違っていたのである。

われわれはこの物語の世界、草深い、牧歌的な、ザシキワラシや河童が生き続けている世界を求めて遠野に旅に出る。けれどもそこに見出すのは何の変哲もない類型化した一地方都市の景観である。第一、遠野はかつて草深い田舎や辺鄙な地域であったことは一度もないのである。われわれの方がこの物語にとらわれ、そのようにこの地域を幻想しているにすぎない。

おおよそこの物語の舞台となった時代は、江戸の後期から明治時代であるといってよい。そうした時代背景に注目すると、この地域は、決して片田舎などではない、きわめて特殊な近世から近代を歩んできたことがわかるであろう。天明年間（一七八一〜八九）には、東北特有の地理的状況から大飢饉が発生している。南部藩の餓死者は四万八百五十人に達し、病死者二万三千八百四十四人を出したという(6)。いわゆる天明の飢饉である。米穀商人は投機売買に奔走して、遠野の奥地の村々の備荒米まで買い漁るような状態であった。この後遠野藩は、文化十年（一八一三）に大凶作にみまわれ、鍋・釜・農具等を質に入れなければ食べていけない「金銭餓死」の状態が頻発している。そして、天保三年（一八三二）には天保の飢饉が波のように襲いかかってくる。

一方、遠野には六度市と呼ばれる商業の流通経済のための機構が発達した。当初は内陸の農業生産物と、三陸海岸の「五十集物」と呼ばれる海産物の中継、交易のための市であった。江戸後期以降、三陸海岸地方では人口が増加して慢性的な米不足に陥り、その八割以上が遠野のこの六度市を通って海岸部に送りこまれたと言われる。また、他領に移出する商品は五十集物、海草、葉煙草、真綿等三十品目を越え、逆に他領から流入する商品は、この六度市を通じて全国から麺類、畳表、茶、砂糖、棕櫚箒、鯨肉、漁網等さまざまなものがもたらされたのである。(7) こうした物品の移送は、いわゆる駄賃付けと呼ばれ、馬によって行われたのである。当然、これらの物品は、釜石港から陸あげ、積み出しが行われ、またそれらは、遠野の六度市を通って花巻、盛岡へと駄賃付けによって移送された。いわば、遠野は物品の集散が行われる中継地でもあったのである。こうした流通経済の渦の中で、遠野では見世借り、店借によって営業をする者も現れ、その借金に苦しむ人々も出てきたのである。「銭なしでは一日とて暮らせない」という「銭遣い社会」が遠野の中心部で現出していたことは注意を要する。こうした傾向は、明治期に入り、鉄道が敷設されるまで継続し、『物語』の世界は、このような流通経済の周縁部で展開された話でもあったのである。

自然からとり出されたモノが人間の営みの中で自家消費されている世界、そういう素朴な遠野の共同体がかつてあったと想定してもよい。しかし、今や、モノは自家消費を超えて、ということは共同体を超えて、〈商品〉としてモノが流通していくのである。勿論、作り出されたモノの一部は、自家消費され、一方ではその余剰のモノは物産複合として、やがて商品複合を形成するのである。言い換えれば、モノが銭によって交換の対象となり、売買される。そこでは身の回りにはない、つまり遠野では生産不可能なモノが商品としてもたらされる。銭はそうした商品と交換できる価値として、人々の間を流れ、かつ蓄積されるのである。かつてあった均一な、等質な共同体の空間は、ここでは、銭という尺度と量によって分節化され、そのモノに関わった人間は疎外される。そこでは〈異界〉は至る所に顔をのぞかせることになろう。

たとえばすでにとりあげた山口孫左衛門のザシキワラシの話（第一八話）の後日談が第一九話に収載されているが、それは次のようなものであった。孫左衛門の家の庭先に植えられている梨の木の下に、ある日、見慣れない茸を見つける。最後の代の孫左衛門は食べることを制止したが、下男の一人が水桶の中で苧殻（おがら）でかきまわして食べれば決してあたることはない、ということで昼食に家中の者がこれを食べてしまった。七歳の女の子だけがそのとき留守にしていて助かったという。その後の記述。

> 不意の主人の死去にて人々の動転してある間に、遠き近き親類の人々、あるひは生前に貸しありといひ、あるひは約束ありと称して、家の貨財は味噌（みそ）の類までも取り去りしかば、この村草分の長者なりしかども、一朝にして跡方もなくなりたり。（第一九話）

凄惨で凄絶な話である。死肉を漁るようにしてこの家の財産は持ち去られ、富貴な家はまたたくまに滅亡してゆくのである。いかにして財が移動するか、遠野の経済生活の一端がほの見えてくる。「梨の木のめぐり」の「見慣れぬ茸」は、まさに孫左衛門にとっては〈異界〉性を帯びたもの、あるいはその入り口であった。そして財貨をむしり取る人々は、この残された七歳の女の子から見れば、〈異界〉にうごめく鬼人のように見えたにちがいない。〈異界〉は、突然、日常のレベルの世界の亀裂から噴出するのだ。別の言い方をすれば、古い慣習的な共同体は、〈銭〉という〈異界〉性を帯びたものによって破壊され、その中に生きている人々の空間、時間を分節化して、至る所に〈異界〉を作り出すのである。さすがに『物語』には少ないが、『拾遺』には金銭的な現実を描いた話が数多く残されている。

昔上郷村大字板沢の太子田(たいしだ)に、仁左衛門長者という長者があった。それから佐比内(さびない)には羽場(はば)の藤兵衛という長者があった。ある時この羽場の藤兵衛が、おれは米俵を横田の町まで並べて見せるというと、仁左衛門はそんだらおれは小判を町まで並べてみせようといったという。これほど豪勢な仁左衛門長者ではあったが、やはり命数があって、一夜のうちに没落してしまった。（後略）（『拾遺』第一三三話）

二人の長者の話である。二人がどのような経緯で富豪になったかは書かれていないが、遠野の周縁部にもこのような金満家がいたのである。後半部は仁左衛門の没落した原因が語られている。「馬が五、六町も離れた切懸長根まで行っているのに、まだあとの馬は厩から出(で)あげなかった」というほど仁左衛門は、多くの馬を所有していた。それを奢ったために、洪水で、一晩に「あるかぎりの馬が、一頭も残さず流されていた」というのである。「これが仁左衛門長者の滅亡であった」という。この話で重要なのは、「米俵」と「小判」が話のコンテキストでは等価であるということである。すなわち米と銭が一緒であり、それを蓄積した者が「長者」であった。巨万の富を蓄積し、それを跡形無く失う、それは、伝承のレベルでは、つまりそれを語り継ぐ庶民のレベルでは、一つのカタルシスを醸成するであろう。なぜなら富は、それに見合った罪、否、ケガレを生み出したからであった。富を生むためには、それ相応の巧まれた工夫とそのための犠牲を必要としたのである。そうした罪、あるいは詐術、すなわちケガレは払拭されなくてはならない。そういう期待が共同体の中に分泌されるのである。

すなわち、ほんのちょっとした長者の選択の誤りが、世界を一変させてしまう、そういう日常の変換をこの物語は語るのである。言い換えれば〈異界〉が突然日常の裂け目に顔をのぞかせて、その者の運命を変えてしまうのである。こうした〈語り〉の背後には、勿論、長者という者に対する庶民には計れない驚き、そして嫉妬の感情がある。しかしそれと同時に、そうした巨万の富を抱えた家の没落を語ることで、日頃持っていた憎悪や羨望の心理的な軋轢から解放され、浄化されてもいるのである。ここに書かれていることが事実にもとづくものでないとしても、あるいはそれが仁左衛門の事業の失敗に起因する滅亡であったとしても、庶民はどうしても突然の、いわば天の采配のためであったという論理を持ち出さずにはいられなかったのである。

遠野の町の某、ある夜寺ばかりある町の墓地の中を通っていると、向こうから不思議議な女が一人あるいて来る。よく見ると同じ町でつい先頃死んだ者であった。驚いて立ちどまっている処へつかつかと近づいて来て、これを持って行けと言うてきたない小袋を一つ手渡した。手に取ってみるに何か小重たい物であった。恐ろしいから急いで逃げ帰り、家に来て袋を開けて見ると、中には銀貨銅貨を取り交ぜて、多量の金がはいっていた。その金はいくら使ってもなくならず、今までの貧乏人が急に裕福になったという噂である。これはつい近い頃の話であったが、俗に幽霊金といって昔からままあることである。一文でもいいから袋の中に残しておくと、一夜のうちにまた元の通りにいっぱいになっているものだといわれている。（『拾遺』第一三七話）

昔話に「墓娘」という型の話がある。これは、その変形したもののようにも見える。また、すでにとりあげたマヨイガからもたらされた椀の話（第六三話）に似ていなくもない。後に裕福になった点、いつまでも米が減らないことこの袋の金は同じである。しかし、膳椀によって掬（すく）いとられた米櫃の米がいつまでたっても無くならないということと、銭が使っても無くならないということとは、本質的に異なっている。なぜなら魯鈍の女性の米は、とりあえず自家消費される閉じたその家の中で行われる奇蹟であった。これに対して、この幽霊金は、人から人へと流通していく、まさに〈異界〉性を含んだ性格を持っていたのである。素朴なマヨイガという異界からの贈与の話は、幽霊という〈異界〉性と銭そのものの〈異界〉性によって、それが社会的な広がりをもって流通していくのである。そこにあるのは、きわめてリアルな金銭的な贈与の話であったといってよい。

いずれにしろ『拾遺』には右にあげたような金銭にまつわる悲喜こもごもの話が数多く収録されている。そして、その金銭が「遠野」という空間をたえず活性化させ、流動化させ、そこに〈異界〉を現出させるのである。〈異界〉は、あたかも遠野世界をモザイク状に仕切り、それはたえず消長を繰り返しているように見える。この物語は、〈異界〉の現出と消滅によって織りなされた織物のようなテキストであった。

注

（1）鈴木久介『遠野市の歴史』（熊谷印刷出版部、一九九三年七月）によれば創建は阿曽沼時代、すなわち十二世紀末から十三世紀初めということになる。
（2）中野豈任『祝儀・吉書・呪符』吉川弘文館、一九八八年四月。
（3）三浦佑之『村落伝承論』五柳書院、一九八七年五月。尚、人名の表記は初出以外省略しているが、本章では引用文に「三浦家」が語られていることから、混同をさけるため略せず記した。
（4）内藤正敏『遠野物語の原風景』荒蝦夷、二〇一〇年五月。
（5）吉本隆明『共同幻想論』河出書房新社、一九六八年十二月。
（6）（1）に同じ。
（7）（1）に同じ。

遠野物語の山の怪異
—山の神・天狗・山男—

はじめに

最近読んだ本の中で次のような一節が目にとまった(1)。

> 実際に多くの動物、植物、昆虫そして微生物が幾千億となく存在するのが山である。そしてそれは同時に幾千億の死もまた存在している証である。生と死は常に同数、そこに入る人間も同じ生死を抱える存在なのだ。（田中康弘『山怪』）

つまりヤマには劇的な生と死のドラマがあり、そこには過剰な生と死の世界が横溢しているということであろう。そして、そうしたヤマに人間が分け入れば、またそのような生と死に包摂され、日常において隠蔽されてしまったリアルな生とリアルな死に立ち会わなくてはならないということである。

一 遠野の環境

遠野という山村地域だけに見られる景観ではないけれども、比較的平坦な町場の世界があり、そこには猿ケ石川という川が流れ、その外延部になだらかな里山の世界が広がる。そして、それに続く草原と山、そして人が一般には踏み込まない奥山がある。モデル化すると〈里〉―〈里山〉―〈山〉―〈奥山〉という図式が成り立っている。

勿論、これは一つのモデルであって、遠野の自然環境はなだらかな起伏に富んだ世界である。ゆるやかなグラデーションを帯びながら〈里〉から〈奥山〉へと変化していくのは承知である。そこではさまざまな生業を営む人々が活動している。ある意味ではヤマは、必ずしも寂しい所ではなかった。サトヤマには里人が飼っている牛馬の飼料にするために「萩刈り」に出かけ、若い男が行方不明になる話（『物語』第九〇話）、あるいは大男と遭遇する話（『拾遺』第一〇五話）がある。「萩刈り」は秋の山行きで、その季節になると牛馬を飼っている家は、互いに誘い合わせて一斉にヤマに入ったのである。すなわちこのような農作業に必要な資材や堆肥の原料等を確保するために里人もまた山に入った。このような営みは萩に限らない。萱や菅、柴・笹、竹、藤・榀(まだ)等、日常生活に必要なものを「萱山」や「笹原」から調達していたことが『物語』や『拾遺』に散見される。『物語』第九〇話の記述に「早池峰(はやちね)の腰へ」とあることから里人が入った場所は、サトヤマからヤマ、そしてオクヤマへ至る境界あたりが活動の場所であったと思われる。また季節の食料として蕗・栗・茸等がサトヤマからヤマで調達されている。あるいは『拾遺』第一〇〇話に出てくる「マダの木」（榀）は、衣料にするために採取されていたことがわかる。つまり、遠野の里人、農民はヤマと深い関係を持ちながら日常生活を営んでいた。

里人以外では、狩人（マタギ）・鉱山師・材木を切り出す人夫・山伏等、さまざまな職業の者がヤマに入っているけれども、おそらく活動の場は、少しずつ異なったり、重なったりしていよう。おおまかに言えば、ヤマあるいはオクヤマの一部が彼らの生活の拠点であった。たとえば山伏は、修行、信仰のためにもっとも深く山に踏み行った人たちであり、これに継いでマタギの人たちはサトヤマに続くヤマの世界、時にオクヤマを縦走したにちがいない。

二　山の神について

ところで、山には、そこを自らの住処（すみか）、あるいはテリトリーとしているものがいる。『物語』、『拾遺』の題目を見ると、「山の神」・「天狗」・「山男・山女」等であるが、これらはいかなる存在で、互いにどのような関係性を持っているのであろうか。

たとえば柳田は『後狩詞記（のちのかりことばのき）』（一九〇九年）に続く著作として『物語』を上梓したが、そこでは、いわゆるヤマという世界と、そこに住む「山人」に対する強い思い入れがあった。柳田は、「山人」は弥生文化をもたらした人々に追われて山に逃げこんだ先住民族の人々の子孫であるという仮説を考えていた。

後年、南方熊楠（みなかたくまぐす）との往復書簡において「山人」の存在を熊楠から否定されると、柳田の山人研究への意欲は急速に萎んでいったように見える。彼の研究は、山から里に向けられ、農耕文化を担う人々を「常民」と定義して、山の神が春には山を降りて田の神となり、秋の収穫以後、この田の神は、再び山に回帰して山の神になるという民俗学の一つの重要なフレームを発見した。

柳田が『物語』をまとめた当時、「山の神」が「田の神」に交替するような存在であるとは考えていなかったろう。すると「田の神」と「山の神」が交替するという観念は、平地民である「常民」のそれであり、『物語』や『拾遺』の「山の神」は、まったく別な存在として考えていたと思われる。その証拠に後年考えた「山の神」は明らかに祖霊に近く、可視的な存在ではなかった。それは、柳田の研究のもう一つの柱である祖霊信仰へと繋がっていくものであり、遠野の山の神の具象性的な神のイメージとは大きく隔たっているように見える。

「山の神」は『物語』に六話、『拾遺』に四話収録されている。このうち『物語』の五話が「山の神」の特徴として顔が赤く、眼光が輝いていると描写されている。『物語』第一〇二話に「丈の高き男」、第一〇七話に「背高く」と里人とは異なる体躯であることが強調されている。顔が赤い、眼光が鋭い、丈が高いといった特徴は、里人とは異なる異形性を持っているが、しかし神といわれながらいわゆるカミではない。ヤマという〈異界性〉が作り出した里人とは異なる存在であった。この「山の神」に遭遇するのは「若者」(『物語』第八九話)、「鷹匠」(同第九一話)、「菊蔵」(同第九三話)、「二十五、六の女」(ただし、十二、三歳の頃のこと)(同第一〇二話)、「若き娘」(同第一〇七話)、「木挽(こびき)」(同第一〇八話)で、「里の人」(『拾遺』第九五話)、「狩人」(同第九六話)、「いわな釣り」(同第一二一話)、「寺男」(同第一二六話)といった具合だ。必ずしもヤマを生業の場にしている者がこの神に出会うとは限らない。若い女性も山の神に出会うことがある。出会う場所もまちまちで、大きくとらえればサトヤマからヤマにかけたエリアということになる。

　山口より柏崎へ行くには愛宕山の裾を廻るなり。田圃に続ける松林にて、柏崎の人家見ゆる辺より雑木の林となる。愛宕山の頂には小さき祠ありて、参詣の路は林の中にあり。登口に鳥居立ち、二、三十本の杉の古木あり。その旁にはまた一つのがらんとしたる堂あり。堂の前には山神の字を刻みたる石塔を立つ。昔より山の神出づと言ひ伝ふる所なり。和野の何某といふ若者、柏崎に用事ありて夕方堂のあたりを通りしに、愛宕山の上より降り来たる丈高き人あり。誰ならんと思ひ林の樹木越しにその人の顔の所を目がけて歩み寄りしに、道の角にてはたと行き逢ひぬ。先方は思ひがけざりしにや大いに驚きてこちらを見たる顔は非常に赤く、眼は耀きてかついかにも驚きたる顔なり。山の神なりと知りて後をも見ずに柏崎の村に走り付きたり。（注　遠野郷には山神塔多く立てり、その処はかつて山神に逢ひまたは山神の祟りを受けたる場所にて、神をなだむるために建てたる石なり）（『物語』第八九話）

「山の神」の代表的な話を一つ挙げた。この若者が山の神に出会うのは「夕方」と記されている。この他、『物語』第九一話、第九三話が「夕方」、同第一〇二話が「夜半過ぎ」にこの神に遭遇している。山の夕暮れは早い。その時刻に時空を超えて、その出会いの場において〈異界〉が出現しているのである。それはちょうど日常の裂け目のようなものだ。山の神と里人との出会いは良きにつけ悪しきにつけそうした偶然性においてなされたものである。

ところで、愛宕山の登り口には、現在も山の神と彫られた石碑が建っている。山の神に出会った処で、これの祟りを鎮めるために石碑を造ったという。つまり、このことは、この神が神社等に祀られることがなかったことを意味している。一般には山の神は、山林とそこに生息する動物を領有、支配する神のことだが、いわゆる神社に祭祀される神とは異なる民俗神であったのである。

次のような「山の神」の話もある。

この地方では産婦が産気づいても、山の神様が来ぬうちは、子供は産まれぬといわれており、馬に荷鞍を置いて人が乗る時と同じようにしつらえ、山の神様をお迎えに行く。その時はすべて馬の行くままにまかせ、人は後からついて行く。そうして馬が道で身ぶるいをして立ち止まった時が、山の神様が馬に乗られた時であるから、手綱を引いて連れ戻る。場合によっては家の城前(じょうまえ)ですぐ神様に遭うこともあれば、村境あたりまで行っても馬が立ち止まらぬこともある。神様が来ると、それとほとんど同時に出産があるのが常である。(『拾遺』第二三七話)

これまで述べてきた「山の神」とは大きな相違が見られる。第一この神は、ヤマノカミではなくサトノカミだといってよい。しかもこれまでのように可視的なカミではなく馬が身震いし、道に立ち止まることによってその存在が確かめられるのである。もう一つ大きな差異がある。ヤマで出会うヤマノカミは「様」を付けて呼ばれることは決してない。このカミは敬われる、待ち望まれるカミであり、歓迎されない畏怖を与えるカミとは異なっていた。おそらくヤマノカミは、ヤマの豊饒性、生産性の反映から生まれた女神であった。しかし『物語』第九三話には、次のような話が載せられている。概略を述べると、菊蔵という男の妻が里に帰った間に五、六歳の息子、糸蔵が急病に罹った。そこで菊蔵は妻の里にそれを知らせに行く途中、「名に負ふ六角牛(ろっこうし)の峰続きなれば山路は樹深く、ことに遠野分より栗橋分へ下らんとするあたりは、路はウト（『注釈　遠野物語』掲載の毛筆本には「ウド」とあり、『柳田国男全集』所収の『物語』の注によれば両側を高く切り込んだ道をさす）になりて両方は岨(そば)なり。日影はこの岨に隠れてあたりやや薄暗くなりたる頃、後の方より菊蔵と呼ぶ者あるに振り返りて見れば、崖の上より下を覗くものあり。顔は赭(あか)く眼の光りかがやける」者に出会う。するとお前の子はもう死んでいるぞという。急いで夜のうちに妻を伴なって帰ると、はたして子は死んでいた。

一見すると、この「山の神」は、ヤマを支配する神であり、出産を助ける「山の神」とは無関係のように思われる。しかし子供の生死という視点に立てば、この二つの話は深いところで互いに交差していることがわかる。出産は当時、ある意味では命がけの事柄であった。カミの力を借りて無事に新しい生命をこの世にもたらしたい、と親たちは考えていたであろう。同様に幼児の死は、時に運命として受け入れなくてはならない。山の神が菊蔵の幼い子の死を告げるのはいわば託宣のようなものであった。カミの口を借りて親はその悲劇を運命として受け入れざるを得ないが、同時に再び新しい命としてこの世に帰ってこいというメッセージがここにはあるように思う。いわば唐突な物言いをすれば、遠野の、あるいは東北の縄文的な世界観がこの二つの話の深層にはある。

この話の舞台が「笛吹峠(ふえふきとうげ)」という「峠」であったことは注意してよい。峠は子供の生死を分かつ堺であったように二つの世界を分節化するきわめて危険な場所であったのである。

『物語』第一〇七話、第一〇八話の「山の神」は人間に占術を伝授するカミである。

上郷（かみごう）村に河ぷちのうちといふ家あり。早瀬川の岸にあり。この家の若き娘、ある日河原に出でて石を拾ひてありしに、見馴れぬ男来たり、木の葉とか何とかを娘にくれたり。丈高く面朱のやうなる人なり。娘はこの日より占ひの術を得たり。異人は山の神にて、山の神の子になりたるなりといへり。（『物語』第一〇七話）

娘は、「山の神」の持つ〈異界〉の呪力によって不思議な能力を授かったのであった。

三　山の神から天狗へ

「天狗」は『物語』に三話、『拾遺』に二話が収録されている。ところが『物語』と『拾遺』の天狗を比較するとずいぶんと違う。

まず『物語』の三話を見ていこう。第二九話の概略を記す。山口のハネトという家の主人は、きわめて無法者で、鉞（まさかり）にて草を苅り鎌にて土を掘るなど、乱暴の振る舞いの多い人であった。ある時、賭けをして一人で早池峰の前面にある前薬師に登った。帰ってきて言うには頂上には大きい岩があり、そこに大男三人がいた。前には多くの金銀が広げられていた。この男が近づくと気色（けしき）ばんだ表情で振り返った。その眼の色はおそろしく光っている。早池峰に登ろうとしたが道に迷ったと言訳をすると、麓近くまで送ってくれ、眼を塞げと言われるままにすると、たちまちこの異人は見えなくなった、という。この記述には「天狗」の表記はない。しかし題目においては天狗の話に分類されており、「異人」と呼ばれている。また「眼の光きはめて恐ろし」と異形の相貌が描写されている。そのように見ると、「山の神」の眼光の鋭さに一脈通じるところがある。

『物語』第六二話は、和野村の嘉兵衛爺という狩人、ある日、山中で小屋を作るいとまもなく夜を過ごすことになった。とある大木の下に寄り、魔除けのサンヅ縄をおのれと木とのめぐりに三囲（みめぐり）引きめぐらし、鉄砲を竪（たて）に抱えまどろんでいると、夜深く物音がする。大きな僧形の者が赤い衣を羽のように羽ばたきして、その木の梢に蔽いかかった。魔物かと銃を放つと、やがて羽ばたきをして中空に飛んだ。この時の恐ろしさはかつて経験したことのないものであった、という狩人の体験談である。

「赤い衣」は、ここでは〈魔〉の色であり、「山の神」との類似性が見られる。おそらく「中空」を飛ぶ性格、羽を持っているらしい姿は、中世説話から続いてきた天狗の図像から影響を受けているだろう。菊池照雄（てるお）によれば、「サンヅ縄」は、麻や桧、あるいは葡萄やサルナシで編んだ綱で、時に柿渋（かきしぶ）を塗って錆びて赤みを帯びた色をしていたという[2]。狩人は、必ずこのサンヅ縄を持ってヤマに入った。もともとは葬儀の時、遺体を埋葬するにあたって棺に結んで土中の穴に入れるのに使用したものである。葬儀が終わり、木の枝等に懸けておくと、いつの間にかなくなっている。狩人、馬喰、博打打ち等がこれを密かに持ち帰ったという。

このように見てくると、サンヅ縄の機能は、生と死を分けるものであることがよくわかる。土中に死者を葬る綱は、まさに生と死の境界を表している。ヤマの夜、そこは人の世界を超えた異界であり、異界において天狗という魔、異人が出没するのである。そしてそのような魔界から身を守るためにはサンヅ縄という呪的機能を持ったものによって結界、境界をつくる必要があった。張られた縄によって自らの内部を〈生〉の世界としながら、外部を〈死〉の領域として排除しようとしたのであった。しかし、よく考えてみると、この二分法的な世界は、サンヅ縄によって作り出されたものでもあった。ヤマに潜むデモーニッシュな力、魔の呪力が逆にサンヅ縄によって発現してきたのである。（ここに出てくるサンヅ縄に用いられた「藤」については、後に再度触れる）。

ところでこの話の最後は、「前後三たびまでかかる不思議に遭ひ、そのたびごとに鉄砲を止めんと心に誓ひ」と書かれている。語り手、嘉兵衛爺の「恐怖」の体験が強調されているけれども、この〈恐怖〉とは何を意味しているのであろうか。既成のことで、誰もが解っているような気になっている。たとえば暗闇から人相の良くない大男がナイフを持って迫ってくる。誰もが〈恐怖〉を覚えるだろう。しかし、よく考えてみると、闇が恐ろしいわけではない。あるいは大男が怖いのではない。またナイフに恐怖しているわけではない。

〈恐怖〉は眼の前に存在しているものによって直接もたらされるものではなかった。それらがゲシュタルトに存在することによって、そこから生成される〈イメージ〉によって恐怖を与えられるのである。つまり予感された見えない〈死〉のイメージによって恐怖を覚えるのである。

このように見てくると、次の『物語』第九〇話はそうした天狗に対する恐怖がよく描かれている。話の概略を挙げると、松崎村に天狗森という山があり、その麓の桑畠で若者の某が仕事をしていたがにわかに眠くなった。畠の畔に腰を下ろし眠ろうとすると、顔のまっ赤な大男が出てきた。若者は常日頃、相撲が好きだったので大男の前に立ちふさがり、お前はどこから来たかと尋ねたが黙って答えなかった。一つ突き飛ばしてやれと、力自慢の若者は飛びかかっていったが、相手に手を掛けたと思う否や、自分の方が投げ飛ばされ気を失った。夕方、正気づいた時には大男はいなかった。その秋の頃、早池峰の腰へ村人と共に若者は萩を苅りに行き、姿が見えなくなった。一同が捜すと、深い谷の奥に手足を一つ一つ抜き取られて死んでいた、という。

この若者は、なぜ天狗に殺されたのであろうか。若者は、力自慢の男で天狗に恐怖を抱かなかった。天狗である男にいどみかかり反って自分が投げ飛ばされている。後半部の萩苅りでは具体的に何があったかは書かれていない。もしかしたら再度、挑戦して今度は殺されたのかもしれない。いずれにしろ若者は、天狗を恐れなかったために〈死〉んだのである。これまでに見てきた二つの話は、天狗を恐れることで死を免れていた。

すると〈恐怖〉には、ある〈聖性〉が隠れていることになる。〈現実〉を超えた、あるいは日常を超えた聖なるものへの畏怖があったために九死に一生を得たのであった。聖性とは、ここではヤマの異界性、霊異性のことであると言い換えてもよい。

最後にこの話の天狗が、「顔のまっ赤な大男」であったことは注意する必要があるだろう。すでに見てきたように「山の神」は顔が赤かった。しかもこのカミにもヤマの聖性があったことについてはすでに述べておいた。すると、山の神と天狗には、同じ共通点があったことになろう。

ところが『拾遺』の天狗を調べると別の特性も見えてくる。第九八話の万吉米屋の話の概略は次のようなものである。

万吉はある年の冬、鉛ノ温泉に湯治に行き湯槽に浸っていると、一人の背の高い男が入ってきた。懇意になると、男は自分は天狗だと言った。鼻はべつに高くなかったが、顔は赤く大きかった。万吉はそんなら天狗様はどこに住んでいるかと問えば、住所は定まっていない、出羽の羽黒、南部の早池峰等を行ったり来たりしているという。そして、万吉の家の住所を聞き、おれは五葉山や六角牛にもたびたび行くので、今度、お前の家に寄ろうと言った。次の年の冬のある夜、万吉のところに天狗が訪ねて来て、これから六角牛に行くところだと言い、一時も経てば帰るから今夜は泊めてくれという。戻ってくるとその山の頂上にある梛の枝の束を取ってきて見せた。雪道を片道六里はあるところを人間業とも思えない時間に天狗は帰ってきた。そこで深く尊敬して多量の酒をふるまった。それから一年に一、二度やって来て天狗は泊まったという。そしてただでは気の毒だと言っていつも光り銭を若干残していった。酒が飲みたくなると訪ねてくるような節があった。最後に来た時、こう言ったそうである。おれももう寿命が尽きてこれからはお前たちに逢えぬかもしれない。そう言って形見に着ていた狩衣のようなものを残していった。そういうわけでこの家には天狗の衣が伝わっている。家の主人が相続の際に見ることになっている。

この天狗は自ら里に下りてきて里人と交流している。これまでの天狗が持っていたヤマの〈聖性〉はここには無い。むしろ人間と交わる〈俗性〉が前面に出てきている。その意味ではこの天狗は山伏に近い。つまり人間の相貌を持っている。この家では天狗から貰った衣を家代々の家宝にしていることから、あるいはこの天狗に親近感と崇敬の念を抱いていたようである。もう一点、注意しておかなければならないのは、天狗が「ただでは気の毒だといって、いつも光り銭を若干残して」いったという記述である。天狗と「銭」の関係はこの『拾遺』第九八話のほかにも次の第九九話にも見られる。清六天狗という者が里に下りてきて酒を買うのに「錆びた小銭をもって払っていた」という。

つまり、銭はここでは天狗と里人を結ぶコードとして機能している。あるいは〈聖〉なる山と〈俗〉の世界の交流を描いていることになろう。あるいはこう言い換えてもよい。人間を超えた聖なる存在であるべき天狗が卑俗化、堕落化していると。

ついでにこの『拾遺』第九九話の概略を挙げておく。遠野の某という家には天狗の衣というものを伝えている。衣は薄くさらさらとして寒冷紗に似ている。これは昔、この家の主人が懇意にしていた清六天狗という者の着用していたものだそうだ。この天狗は花巻あたりの人で、おれは物の王だと言っていた。早池峰に登るにも人の後から行って、頂上に着いてみるとすでに先に来ていて、どうしてお前たちはそんなに遅いのだと言って笑っていた。酒が好きで小さな瓢箪を持ち歩き、それにいくらでも量り入れて少しも溢れなかったという。この清六天狗の末孫という者が今も花巻の近くに住んでいて、天狗の家と呼ばれている。

ここまでくればこの天狗は、人間そのものである。特殊でマジカルな能力を持った山伏系の人間が里人に天狗と呼ばれていたと考えられる。

『物語』の「天狗」は、ある意味では「山の神」と習合した存在で、ヤマの霊性、異界性を背後に背負った〈聖〉なる異人であった。これに対して『拾遺』の「天狗」は、人間と交わり、時に「末孫」という子孫も残している。そういう意味では〈俗〉なる存在であった。いわば「天狗」は、聖と俗というアンビヴァレントな属性を合わせ持ってイメージされていたことになる。すると、「山の神」—「天狗」—「山男」という図式の中間項に天狗は位置しているといってよい。

もう一つ遠野の天狗の特異性を考える時、栃木県鹿沼市にある古峰原神社（正式名称は古峰(ふるみね)神社だが、『拾遺』第六五話では「古峰原(こぶがはら)神社」）の信仰について注目しなければならない。この神社の拝殿に行ってみると、数えきれそうにないほどの大小の天狗の面が掲げられている。勿論、天狗の信仰はここでは日光修験と結びついたものであった。この神をあつかった話が『拾遺』第六五話、第六六話に収められている。また話だけではない。古峰原神社へ講をつくって参拝したことを記念して建てられた石碑が遠野の市内に見られる。あるいは古峰原神社の拝殿にも遠野から訪れた時に掲げた額が掛かっている。そのような意味で、遠野の人々にとって天狗は神に近い存在でもあったが、『拾遺』第六五話には次のような話が載せられている。

概略を述べると、古峰原は「火防神(ひぶせ)」で、遠野地方の人々に信心する者が多かった。この神様は山芋がお好きで講中の者は山芋を献上している。献上の仕方は自分の家の屋根の上に古峰原の神様にあげますと唱え芋を置くとその次の朝には見えなくなっている。そうしてしばらくすると神社から礼状が届いたという。ある時某が講中に加わって神社に参拝し、山芋を持参しなかった。それで家のホラマエ（曲り屋の大戸口から馬屋前の軒下）に置いて忘れてきたと偽りの言い訳をした。すると、社務所ではそんな事は気にすることはない、すぐに人をやって取り寄せよう、と言った。そしてその晩に某の小屋から火が出たという。また小笠原某という家では太く見事な山芋は食用に取っておいて細いものばかりを屋根に上げたところ、やがて火事を出し家が焼けてしまった、というものである。

この話で注目すべきは、この火伏せの神が山芋が好物であるということである。勿論、神がそれを食するわけではないだろう。供物として供された山芋を儀礼食として日光修験の行者たちが食べたのである。すると次のような関係が成立する。遠野の信者たちは自分の家、屋敷から失火することを回避するために山芋をこの神に捧げ、神はその代わりに信者の家を火難から守ったのである。おそらく古峰原神社に参詣するのは、当時、娯楽の少なかった遠野の人々にとって開放的な楽しみの一つであったにちがいない。そうしたことを考慮したとしても、説話の語りは火難を回避するための大きな期待があったと考えてよい。するとこれまでに「銭」の話に着目してきたように、ここにも「山芋」を介して一つの交換が成立していることになる。遠野の人々が山芋を供することによって、逆に古峰原の神は信者たちの家を火難から救うという交換である。つまりここでは山芋が銭と同じ機能を果たしているのである。銭の世俗性によって天狗はここでは俗化し、本来の聖性を失っていた。

四　山男・山女について

『物語』で「山男」という題目に挙げられた話は八話、「山女」が五話、計十三話である。『拾遺』では「山男」だけであるが十一話もある。代表的な話を見ていく。『物語』第三話は、一応、「山女」の題目に入っているけれども山男・山女の両方が登場する話である。概略を記すと、山々の奥には山人が住んでいる。栃内(とちない)村和野村の佐々木嘉兵衛という人は今も七十余にて生存している。嘉兵衛の若い時、猟をして山奥に入った。遠くの岩の上に美しい女がいて、長い黒髪を梳(くしけず)っていた。顔の色はきはめて白かった。嘉兵衛は不敵な男で直に銃を差し向けて打ち放すと女が倒れるのが見えた。そこに馳け付けて見ると身の丈が高い女で、黒髪は身の丈より長かった。そこで後の証拠にしようと髪を切り取り、これを丸めて懐に入れ、家路に向かった。途中、睡魔に襲われ物蔭でまどろんだ。すると夢か現ともわからない時、やはり丈高い男が近寄って懐中に手を入れ立ち去った。山男の仕業であった、という内容である。

嘉兵衛は、なぜ躊躇なく銃で女を撃ったのであろうか。殺害した後に何の躊躇もなく、女の長い黒髪を切り取り、持ち去るのである。あたかも猟師が獲物を仕留めたと言わんばかりの行動であった。この残酷さの背後には何があるのであろうか。たとえば『物語』第五話に「遠野郷より海岸の田ノ浜、吉利吉利などへ越ゆるには、昔より笛吹峠といふ山路あり。山口村より六角牛の方へ入り路のりも近かりしかど、近年この峠を越ゆる者、山中にて必ず山男山女に出逢ふより、誰も皆恐ろしがりてしだいに往来も稀になりしかば、つひに別の路を境木峠といふ方に開き、和山を馬次場として今はこちらばかりを越ゆるやうになれり」とある。山男・山女の出没に里人は〈恐怖〉を覚え、迂路であっても別の路を開いたというのである。つまり第三話の狩人、嘉兵衛が平然として山女に銃を向けたのは、心の内に、彼らに対する〈憎悪〉があったからである。憎悪とは〈恐怖〉の裏返しの感情であった。そして〈憎悪〉からまた〈侮蔑〉が生まれてくる。いわば山男・山女に対して〈恐怖〉―〈憎悪〉―〈侮蔑〉という連鎖が遠野世界を作り出しているように見える。

そうした里人の心情を『物語』第二八話は見事に描いている。その概略を挙げる。

附馬牛の何某という猟師は、その頃、土地の者は入らない山に入り、半分ばかり道を開いた。山腹に仮小屋を作り、餅を焼いて食べていると小屋の外を通る者があり、中をしきりに覗いている。大きな坊主であった。餅を珍しげに見ていたが、ついにこらえきれなくなって手を出して食べた。猟師は恐ろしくなって自ら餅を手渡した。すると嬉しそうに食べ、餅が無くなると帰っていった。次の日も来ると思い、餅によく似た白い石を餅に混ぜて炉の上に載せておくと焼けて火のようになった。案の定、坊主がやって来てその焼けた石を口に入れた。驚きあわてて小屋を飛び出し見えなくなった。後に谷底で坊主は死んでいたという。

この話は題目では「山男」に分類されているが本文中にその表記はない。しかし、おそらく坊主は餅というものを知らない山人であったことは確かである。柳田がここで考えていたことは、里人に対する山人、あるいは異人の存在であったろう。ここにはそうした者への里人の〈侮蔑〉と〈憎悪〉と〈恐怖〉の入り混じった感情が現れているだけで、「山男」に対する〈聖性〉はまったく感じられない。

たとえば『物語』第三一話に次のようにある。

遠野郷の民家の子女にして、異人にさらはれて行く者年々多くあり。ことに女に多しとなり。

ここに出てくる「異人」は題目から「山男」であることがわかる。吉本の共同幻想の論理を持ち出すまでもなく里人は、虚実はともかくとしてこのような山男に対する恐怖と憎悪の観念を持っていた。

また次のような不思議な話がある。

明治も末頃のある年、土淵村栃内大楢の大楢幸助という兵隊上りの男が、六角牛山に草刈りに行って、かつて見知らぬ沢に出た。そこの木の枝にはおびただしい衣類が洗濯して干してあった。驚いて見ているところへ、一人の大男が出て来て、その洗濯物を取り集め、たちまち谷の方へ見えなくなってしまったという。これは本人の直話である。(『拾遺』第一〇二話)

これと同じモチーフで語られる話が次の『拾遺』第一〇三話である。話の概略は、高室勘之助という老人が山落場という沢から下を見ると、あたり一面に「莚」を敷き拡げてあった。不思議に思って馬を嶺に立たせておいて、沢に降りて行ってみると、もう何者かがとりかたづけた後で、一枚もなかったという。

この話には山男の語は出てこないけれども、同じく山男の項目に分類されている。おそらく前の『拾遺』第一〇二話ときわめて似ているためである。ここに描かれた山男には、いわゆる里人たちと同じ日常を送っている生活臭がある。洗濯ものを干す行為、ムシロを干す行為には天狗や山の神とは異なり、卑俗性はあっても聖性はない。しかし、ここに出現する山男は、里の人間を忌避しているようにも見える。そこには消失して、姿を隠してしまう素早さがあった。

『拾遺』第一〇二話に出てくる男が「大男」であったと記述されているが、『拾遺』第一〇四話は次のような話である。

ある人が鱒沢村から稗貫郡の谷内へ越える山路で、山男の草履の脱いであるのを見た。篠竹で作った、長さ六尺もあろうかと思う大きなもので、傍の藪の中には赤顔の大男が熟睡していたそうである。これは大正の始め頃のことで、見たという本人はその頃五十くらいの年配であった。

ここに出てくる山男は、巨大な存在として語られている。この目撃者の証言は何を意味しているのであろうか。つまり「六尺の草鞋」を具体的な数字で表せば一尺は約三十センチであるから一メートル八十センチの草履である。そのような履物を履く者がいたとはとうてい考えられないであろう。しかしこのデフォルメされた山男の像に対して、里人はある種のイメージを持っていた。つまり自分たちとは異なるヤマに住まう者が自分たちとは異なる肥大化した体躯を持った異形の姿をしていなければならなかったのである。

しかし、そうは言っても、このような草履を履く大男は、どのようにして生まれたイリュージョンなのであろうか。

「六尺の草履」にこだわれば、このようなモチーフを持った昔話が各地にあることを思い起こそう。ある島に上陸しようとした魔物が海上を流れてきた巨大な草履を見て、あそこには自分より強力な魔物がいると思い知り、これをあきらめるのである。あるいは、時に寺院の山門に打ち付けられた巨大な草履を目にすることがある。この寺院には強力な巨人がいると侵入者に知らせるものである。つまり「六尺の草履」は内と外を区切る境界として機能しているわけである。

この『拾遺』第一〇四話に続く第一〇五話にも「大男」が登場する。話の概要を述べると、松崎村字駒木(こまき)の子供が西内山(にしないやま)で一人の大男に出逢った。萩草刈りのある日、その大男は普通の木綿のムジリを着て、肩から藤蔓で作った鞄のような物を下げていた。その中には何匹もの蛇がぬたくり廻っていた。子供は驚いて草叢に入ったまますくんでいると大男は大急ぎで前を通り過ぎて行ったというのである。

ここに出てくる「木綿のムジリ」は、木綿で織った目の粗い外套のことである。また「藤蔓で作った鞄のような物」とは、肩に下げる籠のようなもので、次の第一〇六話にも「麻のムジリを著て、藤蔓で編んだ鞄」を下げた山男が出てくる。

このように見てくると『拾遺』第一〇二〜一〇六話の五話には里人に対する山男の異形性がその持ち物によって強調されていることがわかる。一つはこれまでに見てきたように巨大な「草履」であり、もう一つは「藤蔓で編んだ鞄」である。

野生の山野に生えるフジを大きく分けると二種の属種が分布している。いずれも日本固有のもので、一つは左から右に巻くノダフジで、本州、四国、九州に自生する。もう一つは左から右に巻くヤマフジで、近畿以西、四国、九州に分布する。いずれも白色、藤色の花が房状に垂れ下がり芳香がある。おそらく遠野の山男が持っていた藤蔓で編んだ鞄はノダフジであったと推定される。

藤はすでに『古事記』中巻（応神記）の中に登場している。有名な「秋山の下氷壮夫と春山の霞壮夫」の挿話に「すなはちその母、藤葛を取りて、一宿の間に、衣褌また襪沓を織り縫ひ、また弓矢を作りて、その衣褌等を服せ、その弓矢を取らしめて、その嬢子の家に遣はせば、その衣服また弓矢、悉に藤の花になりき」とある。こうして藤蔓で織った衣服を身に付け、藤で作った弓矢を持った春山の霞壮夫は、めでたく兄の秋山の下氷壮夫に勝ち、伊豆志袁登売を得ることができたのであった。これは藤の持つ霊的な呪力を語ったものであろう。

そう言えば奥州・宮城県に白鳥神社（柴田郡村田町）という社がある。景行天皇の五十三年の創建と伝えられ、ヤマトタケルを祭神として祀るという縁起を持っている。しかし、むしろ「奥州の蛇藤伝説」として広く知られた神社で、境内の入口には巨大な二本の藤が覆い被さるばかりに繁っていることが広く知られていた。社伝によると、源頼義・頼家父子が安倍頼時一族を征伐するために奥州に向かった時のことであった。頼義一行は敵軍の急襲を受けて包囲され、もはやこれまでという危急に陥った時、二匹の大蛇が突然現れてこの危難を救い、ついに安倍氏を滅ぼすことができたという。じつはこの大蛇は白鳥神社の藤の木が変化したものであったという伝承である。言い方を換えれば、中央から派遣されたヤマトタケルを祭祀した神社の「藤」が今度は同様に中央から任命された源頼義一族に加勢したのであった。見方によっては王権から派遣されたヤマトタケルの霊が藤から大蛇に化身したものと考えることもできるだろう。

『拾遺』に目を戻せば、これと似た伝承がある。『拾遺』第一二五話に次のような話が載っていることは興味深い。

字栃内林崎にある宝竜ノ森も同じような場所（筆者注・霊的な地）である。この森の祠は鳥居とは後向きになっている。森の巨木にはものすごく太い藤の蔓（つる）がからまり合っており、ある人が参詣した時、この藤がことごとく大蛇に見えたともいわれる。佐々木君も幼少の頃、この祠の中の赤い権現頭（がしら）を見て、恐ろしくて泣いたのをはっきり憶えているという。

この話では藤が蛇に変身したとは記述されていないが、藤と蛇が重層的なイメージとして描かれていることは同じであろう。そう言えば、『拾遺』第一〇五話について触れたところで、藤蔓で編まれた鞄のようなものの中に「何匹もの蛇がぬたくり廻っていた」ことは、藤と蛇の関わりを暗示しているにちがいない。すでに天狗をあつかった項目で、『物語』第六二話において、山の魔物の侵入を防ぐために猟師が「サンズ縄」を張ってその内にいたことに注目した。そして、このサンズ縄が藤を素材にして作られていたことにも触れた。このように考えてくると、「藤」も「巨大な草履」と同じく境界を作り出す呪的な機能を持っていたことは明白である。

しかし、物語や伝承において、これらのものが境界の記号として現れるからと言って、その機能は微妙に異なっている。否、そのベクトルはまさに逆向きの場合があるということに注意しなければならない。たとえば猟師の「サンズ縄」は、それが張られることによってその内側にいる者を防御する。また、白鳥神社の「藤」は中央政府を内側として奥州の敵軍の威力を防ぎ止める。あるいは寺院の「巨大な草履」も山門の内側にある寺院伽藍の仏たちを魔物の侵入から防御するのである。

すると山男の持っている「藤で編んだ鞄」や「巨大な草履」は、ヤマに侵入して来た里人から山男の内側の世界を防御するのである。つまり、境界は時に攻守ところを変えるのである。

ヤマは、境界を作り出すことによってその世界を二分節化する。そのどちらを〈内部〉とするかはそこにいる主体に関わっているということであった。『物語』や『拾遺』は、当然、里人の紡ぎ出した言説であって、主体にとってはヤマに対する里が〈内部〉であり、ヤマで活動する者、山の神、天狗、山男（山女）は、異形の姿をした〈異人〉として〈外部〉の者として措定されるのである。

ところが、『拾遺』第一〇四話の「山男の草履」、第一〇五話や第一〇六話の「藤蔓で作った鞄」の所有者にとっては、ヤマにおいて活動する山男の世界こそが〈内部〉であり、里人は〈外部〉の者として決定づけられる。しかも草履も鞄も境界を作り出す記号であるとすれば、それはたえず移動し、可動する〈境界〉なのだ。

このように考えれば、境界は、内部でもあり、外部でもあったといってよい。否、内部と外部のせめぎ合うところに「山の神」も「天狗」も「山男（山女）」も立ち現れてくる。圧倒的な山の生命力に里人が包摂される時、横溢する命の向こうに死という境界が一瞬ほの見えてくることがある。命が眩しければ眩しいほど死は暗い影を帯びて里人を闇に包むことになる。そこにあるのは嫌悪であり恐怖であった。

具体的に言えば、里人はヤマで生産される、獣、魚、茸、木の実、野草等、さまざまな食料、あるいは生業に必要な資材を調達するためにヤマに入る。それは里人の生命の営みを再生産するために必要な〈同化〉作用である。これらを身体に摂取することによって、あるいは生業に役立たせることによって、その対象を自らの生体に摂取し、〈同化〉させるのである。しかし、時に、ヤマには自らの生体に離反するものが立ち現れてくる。離反するものは、恐怖あるいは嫌悪するものとして、それは〈異化〉されるのである。里人がヤマで経験する事柄、出逢う不可思議はこのような〈同化〉できない、いわば〈異化〉作用であったといってよい。遠野の山の神も天狗も山男も、そうした経験が伝承として語り継がれた存在であった。

遠野の夜は暗い。しかし、それは遠野だけの特色ではないだろう。おそらく各地方の山村も似たり寄ったりのものであった。ただ、遠野の里人は、ヤマから下りてきた漆黒の闇の暗さに、かつてはランプの火や囲炉裏の仄かな明かりだけをたよりにしながら背中にいい知れない恐怖や畏怖を感じていたのである。それはヤマの深い闇の暗さであったけれども、そのために、そこからさまざまな異形のモノの存在を自分たちの現実の延長線上に想像の翼を羽ばたかせたのが遠野の里人の豊かな感性であった。

ヒトの命の輝きと明るさの時間は短い。それに比して日毎に繰り返される永劫の闇の長さを、里人は受け入れなくてはならないものとして自覚していたのである。命の輝きは、ヤマの闇の時間に較べれば、それは一瞬の刹那であった。そういう遠野のヤマに対する世界観の広がりを持つことによって、里人には、身近な場所に異界が立ち現れ、それがリアリティーを持って迫ってきたのである。その書が、まさに『物語』や『拾遺』の世界であった。

注

（1）田中康弘『山怪』山と渓谷社、二〇一五年六月。
（2）菊池照雄『遠野物語をゆく』梟社、一九九一年七月。

マダの木

立野　正裕

『遠野物語』の山の神秘を語る話のなかでひときわわたしに印象の深いのは、同書拾遺一〇〇に語られる六角牛山のマダの木にまつわる話だ。

拾遺は言う。マダの木の皮を取りに青笹の某が山に入った。ある日身の丈七尺もあろうかという見たこともない大男に出くわした。マダの皮をどうするのかと問われ用途を説明すると、そうか、では手伝おうと言っていっしょに皮を剝いでくれた。礼に持参の餅を馳走すると舌鼓を打ち、ああうまかったと言った。それからというもの、毎年マダの皮と引き換えに餅を差し出すことになった、うんぬん。

大男の素性は明かされず、マダの皮の用途も語られない。だが大男はともかく、マダの皮がなにに使われるかは推測出来る。シナの木とも称されるマダの木の皮は、古来その繊維を織ってシナ布と呼ばれる織物にした。いわば山の恵みであり、衣服用としてアイヌを始め東北一帯の人々に知られた。

供養絵額。遠野市善明寺。

掲出の写真がそのマダの木またはシナの木である。ただし山は六角牛山ではない。早池峰と薬師岳を背に負う荒川高原に立っている。てっぺんまで上がるとそれが姿を現わす。樹齢数百年とされる古木である。

晩秋、日も暮れかかるころ高原に行ってみると、すっかり落葉して裸身をさらし、大小の枝を千手観音のように四方に張り広げている。拾遺に語られる魁偉な大男が周囲を徘徊しないまでも、さながら物の怪か山の霊でも住みついているかのようだ。

というわけでそのマダの木は、わたしにいつも右の物語を想起させずにおかない。だが、それだけがこの古木に引きつけられる唯一の理由というわけではない。

葉に覆われている夏の時期は目立たぬが、近づいてよく見ると主幹の五メートル上が、そこから先削いだように欠損しているのだ。樹幹を失ってどれほどの歳月を閲するのかよく知らぬ。しかも視線を落として太い根もとを見ればなかはうつろになっている。これはむかし雷に打たれたためだろうと言う人もいる。

黄昏どきに見上げるその風情に凄愴の気が漂うのは確かである。だがそれ以上にわたしが打たれるのは、その尋常ならざる樹木の力強さのほうなのである。削がれても、穴をうがたれても、屈しない。峠をわたる強風に年中吹きさらされているが、それでも屈しない。

高原を登ってゆく。するとそのマダの木が、いつも忽然とわたしの前に姿を見せるのである。

遠野荒川高原に立つマダの木。

トリックスターとしての狐
—里山と里人の交流—

はじめに

この小論では以下の二点について考察したい。一つは『物語』と『拾遺』に現れる「狐」が、なぜ人を化かすのかという問題である。勿論、これは遠野に限ったことではない。古代以来、狐が人を騙し、欺いてきた話は暇がないほど多いことは周知である。けれども、なぜ人を騙したり、化かしたりするのかが真剣に問われてはこなかったように思う。それはなぜか、狐が人間を騙すことを既成の事実として、当然わかったような気でこれまできたからではないか。

もう一点は狐が登場する場所の問題である。そこには一定の法則のようなもの、暗黙の語りの了解が介在している節がある。この点は、第一の問題と深い繋がりがあるように見える。この二点を小論で明らかにしたい。

一　里山と人間の交流

狐は、『物語』に三話（第六〇・九四・一〇一話）で、『拾遺』には二十一話（第一八八～二〇八話）に登場する。計二十四話である。

まず『物語』の狐の話を見ていこう。その概略を示す。

A．和野村の嘉兵衛爺が雉子小屋に入り、雉子を待っていると、そこにしばしば狐が現れ雉子を追いかけ邪魔をする。あまりにも憎ければ銃で撃とうと狙った。狐はこちらを向き、知らんふりをして落ち着いている。引き金を引くと火は移らなかった。胸騒ぎがして銃を調べると筒口から手許までいつの間にか土がいっぱい詰まっていた。（第六〇話）

B．菊蔵が姉の家から帰る時、振る舞われた残りの餅を懐に入れ、愛宕山の麓の林を通りかかると、日頃仲良くしている象坪の藤七という大酒飲みに出くわした。そこは林の中であったが平らな芝原があった。藤七は芝原を指し、相撲を取ろうと言った。二人で三番取ったが藤七はいかにも弱く、「今日はとても叶わない」と言って、二人は別れた。菊蔵は四、五間行ったところで、はっとして懐を探ると、餅はなくなっていた。相撲場に戻り、探したけれども餅は落ちていなかった。ようやく狐の仕業であると気づいた。菊蔵はこのことを外聞が悪いと人には話さなかったが、四、五日後、酒屋で藤七に会い、その話をした。すると「おれは相撲など取るものか」と言われて、その

後、隠していた狐の一件が露見したのであった。（第九四話）

C．旅人が豊間根村を過ぎ、夜更けになり疲れたので、幸いに知り合いの者の燈火が見えた。入って休んでいこうとした。するとよいところに来た、今夜、死人がでた。留守の者がいなくて困っていた。しばらくの間頼むと言って、主人は人を呼びに行った。迷惑千万な話であるが、囲炉裏の側で煙草を吸っていたところ、死人は老女で、奥の方に寝させてあったが、ふと見ると老女が床の上でむくむく起き直った。肝をつぶすほどびっくりしたが、心を鎮めてあたりを見まわした。流し元の水口の穴から狐のような姿が見えた。面をさし入れしきりに死人の方をみつめている。密かに家の外に出て、背戸の方にまわってみればまさしく狐であった。狐は首を流し元に入れ、後足を爪先立てていた。近くにあった棒で狐を打ち殺した。（第一〇一話）

以上、『物語』のすべての「狐」を挙げた。AとBは、人間が狐に化かされる話である。これに対してCは逆に人間が狐を退治する話となっている。

Aの「和野村の嘉兵衛」は、『物語』第三話に登場する「和野村の佐々木嘉兵衛」と同一人物である。第三話を見ると、山深く入り狩猟を生業としていたことがわる。Aの「雉子小屋」がどこだったかは具体的には書かれていないけれども、山中であったことは確かであろう。ただし、「焼野の雉」ということわざにもあるように深い山ではなく、そこでは罠を仕掛けて捕ることが行われていた。『物語』の「雉小屋」は『注釈 遠野物語』によると、「人ひとりが入るくらいの三角形の簡単なもので、覗き穴がある」と説明されている[1]。

Bの舞台は「愛宕山の麓の林」と述べられている。愛宕山は遠野の里に続く低い山で麓に平地が広がっている場所だ。いわば遠野の里の境界的な山で、頂上には「愛宕様」が祭祀されている。『物語』第八九話では山の神が現れるところでもあった。

Cの舞台は「豊間根村」と書かれている。この地は現在は「下閉伊郡山田町豊間根」で、旅人が北上すれば石峠、西に向かえば荒川、南下すれば田名部の集落に至る浜街道であった。(2) いわば里と山の境界といってよいところである。

こうした遠野の環境、地理的景観は、いうなれば「里山」と呼ぶにふさわしいだろう。山のなだらかな稜線をたどりながら山麓へと広がる、さまざまな樹林を背後に控えて里へと至る平地の景観のことである。

しかし、少なくとも一九九九年に刊行された『日本民俗大辞典』(吉川弘文館)の項目には「里山」の項目は立てられていない。有岡利幸(ありおかとしゆき)によれば文献でもっとも古いのは宝暦九年(一七五九)の名古屋徳川藩の文書『木曾御材木方(きそございもくかた)』であるという。(3) 近代に入っては、異説もあるけれども四手井綱英(しでいつなひで)の『随筆森林』二三号(一九九〇年)が「里山」について言及したもっとも早い時期に書かれた文献である。メディアにとりあげられ、市民権を得て一般の人々の口にのぼるようになったのは、つい最近のことだといってよい。

そこでは肥料になる落葉掻き、粗朶(そだ)集め、そして家畜の飼料となる萩等、草刈りが季節ごとに行われた。あるいは農作業や日常に必要な木材や竹材、蔓を取るための藤、アケビ等が確保されている。そして食料に用いる栗、胡桃、栃の実等の木の実、茸等や山菜が里山から採られている。

このように落葉樹林、広葉樹林の山麓の自然は、里人に豊かなさまざまな恵みをもたらしてくれたのである。しかしそれは里山からの里人の一方的な生産物の収奪であったわけではない。里人が里山に入ることによって、その空間は常に更新され、新たに再生されるのである。具体的に言えば山林の小枝や下草は払われたり、刈られたりして、生き生きと次の時代へと受け渡される。あるいは竹林は、人の手によって管理され、整理され、翌年には筍や新しい若竹をもたらしたのである。つまり、里山は、里人から一方的に収奪されるのではなく、里人の生活と密接に関係しながら管理されていたのであり、相互依存を織りなす豊かな交流が実現していた。

二　狐が出没する場所

そうした環境の中に狐は出没し、里人に目撃される。特に秋から冬に向かう季節に里人は頻繁に里山において狐と遭遇するのである。ちょうどその時期は、折しも稲刈りが始まる、いわばハーベストの季節であった。そういう時期に狐は里山から里近くへ下りてきて徘徊する。山に餌となる動物や昆虫が少なくなるからである。

しかし、里人は狐のそのような習性を知らなかったわけではなかったが、秋に里山の奥から下りて来る狐をヤマの霊力を持ったもの、あるいは神の使いとして特別な聖性を持ったものと感じていたらしい。そして、その背景には中世期以来、狐を稲荷神の使い、あるいは稲荷の化身と考える信仰の裾野が広がっていたのである。つまり、収穫の時に田畑で目撃するこの動物は、ヤマから里へ下りてくる稲魂を担った豊穣神の使いと考えられるようになった。

一方、日本の狐は、古代以来、中国の民俗の強い影響を受けていた。『日本書紀』（斉明天皇三年条）には、白狐を瑞兆とする信仰が見られるし、『日本霊異記』（上巻第二縁）には、狐が女に化けて人間の男と結婚する話が載せられている。狐が化けるということは、異類婚姻譚のこの話でもわかるように人間界に動物が侵入してくることである。否、それは動物を超えて不思議な異界の存在として幻想されたのであった。

しかし、人間にはない聖なる能力を持つものと認識される一方、俗化、あるいは卑俗化してくると、人間を茶化し、あるいは化けて悪さをする妖狐と考えられるようになった。こうして狐は、人間に対して二重の矛盾した存在として見られるようになる。

三　時代の裂け目の狐

このような狐を『拾遺』から見てみよう。前述したように『拾遺』には二十一話の数多い話が収録されている。全部を挙げ得ないが、主な話の概略を見て行こう。

ア．安政の頃のことである。ある夜、医師、木下鵬石が家族の者と大地震の話をしていると遊田家の使いの者が来て、急病人がでたので来ていただきたいということであった。そこで病人を看て薬を置いて帰ろうとすると、その家の老人から、これは今晩の謝儀だと言って一封の金を渡された。翌朝、病人を見舞うために行ってみると、遊田家では意外な顔をして、そんな覚えはないと言った。病人のはずの人も達者であった。不思議に思い家に帰って、昨夜の金包みを解いてみると、中から一朱金二枚が出てきた。その病人はおそらく懸ノ稲荷様であろうと、人々は評判したそうである。（第一八八話）

イ．上郷村佐比内の佐々木某という家の婆様の話である。以前遠野の一日市の甚右衛門という人がこの村の上にある鉱山の奉行をしていた頃、ちょうど家の後の山の洞で、天気のよい日であったにもかかわらず、にわかに天尊様が暗くなって、一足もあるけなくなってしまった。そこで甚右衛門は土にひざまずき眼をつぶって、「これはきっと馬木ノ内の稲荷様の仕業であろう。どうぞ明るくしてくださいｌ。明るくしてくだされたら御位を取って祀ります」と言って眼を開いてみると、元の晴天の青空になっていた。それで約束通り位を取って祭ったのが、今の馬木ノ内の稲荷社であったという。（第一八九話）

ア・イのいずれも稲荷に関わる話である。ア・イともに具体的には狐は登場しない。稲荷の使いとして現れ、人間を化かしたのである。これらの話は「題目」の狐の項目に入っているが、すでにそのような稲荷と狐の結びついた民俗信仰を暗黙の了解として認めていたことがわかる。

アに出てくる木下鵬石医師は『注釈　遠野物語拾遺』によれば実在した人物であった[4]。安政の頃（一八五四～一八六〇年）の人物であったらしいが、この時期は自然災害、とりわけ安政の三大地震が頻発し、社会が不安定な時代であった。「ある夜家族の者と大地震の話をしていると」というシチュエーションはまさにこのような世情を背景にした話である。

ところで、鵬石という人は、具体的にはどのような人物かはわかり得ないけれども、遠野では上層階級のそれなりの人物であったと思われる。なぜなら遊田家もまた下級武士ながら三十三石の階層に属している。医師と患者の特別な関係がここからは浮き彫りになろう。いわばそういうところに狐が出現するのである。この事件について遠野の人々が噂し合ったと述べられることで話は閉じられるが、世情不安は、遠野地方にも及んでいたろうから、これを何かの稲荷の啓示と受けとっていたとしても不思議ではない。

イの主人公、甚右衛門は、この村の上にある佐比内の鉱山の奉行をしていたということである。名字は佐々木で、『注釈 遠野物語拾遺』によると遠野一日市町の検断を文化・文政期（一八〇四〜一八三〇年）に勤めていたという[5]。検断とは警察権、裁判権を司っていたということである。また上郷村佐比内の鉱山は、天正年間（一五七三〜一五九二年）に近江八右衛門によって発見された金山であった。その後、鉄や銅の採掘が行われ、大峰鉱業所の時代は活況を呈し発展した地域であった。（昭和四六年（一九七一）に閉山）。ついで、大正四年（一九一五）には岩手軽便鉄道が開通したという[6]。

つまり、甚右衛門の時代は、鉄山として佐比内の鉱山が稼働していたことになる。佐比内の山は、おそらく山の樹木が伐採され、それなりに荒れはじめていたであろう。『拾遺』第一二九話には、佐比内の六神石神社のご本尊を盗んだ者が鉱炉に入れて熔かそうとしたが叶わず社に返す話が載せられている。燃料としての薪炭に多くの材木を必要としたのであった。このため山に祀られていた時代遅れの稲荷は、顧みられずにうち捨てられていたのである。そこで稲荷神は、祭祀を要求して甚右衛門を罰したのであろう。

　このように見てくると、ア・イ共に時代の齟齬、あるいは裂け目に狐が出現したことになる。言い換えれば、里山が次第に荒れてきたときに、このような不思議が起こったのである。

四　欲望の肥大化

　続く『拾遺』の第一九〇〜二〇〇話、第二〇三〜二〇八話の話は、人間が狐に化かされるか、それに打ち勝って逆に相手を殺すか、痛い目に合わせる話になっている。また、狐を殺したという筋書きはあるが、人間が逆に殺されるという話は皆無である。

　そうした二つの話型には、すべてではないが大きな特徴がある。

　第一九〇話は家の主人が死んで、毎晩女房の寝室に現れて、お前を残しては成仏できないから一緒に行こうと言っていた。そこで家族の者は怪しいと思い、家の裏手にまわってみると大きな狐が窓に身をすりよせていた。後ろから近寄って斧で叩き殺した。それ以降、亡者は現れなかったという。

　第一九一話は、娘が死んでから、その霊が毎夜座敷に来てならなかった。影のようなものが障子に映ると、座敷に寝ている人々はいっせいにうなされる。それが毎晩続くので村の若者を頼んで張り番をしていたが、皆淋しくなって逃げ帰った。隣りに住んでいる兄が不思議に思い、ある晩、物陰に忍んでいると、一匹の大狐が障子にくっついて内の方を見ていた。そこで藁打槌で狐の背中を打ちのめした。殺すつもりであったがびっこを引きながら後の山に逃げて行った。その後、幽霊は来ず、この男にも祟りはなかったそうである。

第一九二話は、鍛冶職松本三右衛門の家に、毎晩石が降ってくる。評判になって町じゅうの者が夜になると見物にやってきた。しかし見物人がいる間は何事も起こらなかった。帰ってしまうとまた石が降ってくる。こんなことが続いたが、元町の小笠原という家の赤犬が御城下で一匹の大きな狐を捕った。それ以来松本の家に石の降るのも止んだという。

第二〇六話は、政吉が小友村にいた若い頃のことであった。ある年の正月三日に小友の柴橋という家から山室の自分の家に帰ってくる途中のことであった。もう暗くなる時分のこと、前を行く女が背中に子供を揺すぶりながら行く。日頃知っている女のように思い、追いつこうと急いだがどうしても追いつかない。これはおかしいと駆け足で行くと、田圃路を平気で進む。路のないところを、しかも雪の上を早足でゆく。どうやら狐のおこんだと思い当たった。そして自分より先に家に入ってしまった。家では大勢の若者が集まって賑やかに遊んでいた。政吉はそこにいきなり飛び込んで「おい今女が来なかったか」と聞くと、皆笑って狐に化かされてきたなと言った。そこで試みに障子を開けてみると、風呂場の前に狐が坐って家の方をみつめている。そこで猟銃を取り出し玉をこめて火縄をつけると、どうしたことか火薬に火が移らない。そこで友達にその鉄砲を持たせて、自分はもう一挺を出して厩口の方へまわり狐を仕とめたという。

以上、四つの話を挙げたが、これはいずれも主人公の家という場所、環境において狐が悪さをするものである。そして、その狐は必ず殺されるか、手酷い痛手を負って逃げ帰っている。そういう特徴があるが、第一九二話は、少し違って狐の殺された場所が城下で、しかも犬に噛み殺されている点が特異である。

第一九〇話と第一九一話は、ほぼ共通のモチーフを持っている。どちらもその家の家族の一人が亡くなって葬式を出したばかりである。家族の中の一人が欠損することで、日常は崩壊し、非日常がその家族の周りに漂うような情況である。いわば家族の間には、暗雲が立ちこめている。別な言い方をすれば、それぞれが「自己不安」の心理状態に陥っているのである。すなわち、そのような場面において狐は出現して、家族を化かすのだ。少なくとも本当に狐が人間を化かすか化かさないかという事実性、科学性は、ここでは捨象されなくてはならない。そのように語りは我々に要求している。第一九二話の狐が犬に捕獲されるのは、鍛冶職松本三右衛門の家の「自己不安」と結びつけて石がこの家に降ってきたことと、城下で赤犬が狐に噛み殺されたという事実を結びつけ、その因果性を説明した語りにすぎない。そこにはある意味で「社会的不安」が背景にあるように見える。

これらの家を舞台にした話に対して、次の話群は、里山、あるいはその周辺部で狐が登場するものである。数が多いのでそのうち三話の概要を挙げる。

第一九五話は、遠野の六日町に宇助河童と呼ばれる男がいたという話である。河童と渾名された理由は、川仕事が人並みはずれて達者であったからである。ある夏の夜、愛宕下の夜釣りに行くと大漁であった。暑気が烈しいので腐らせてはならぬと傍らに焚火をして魚を炙りながら糸を垂れていた。すると不意に川の中に蛇の日傘をさしたいい女が現れた。宇助はこれを見てあざ笑って、何が狐のやつ、お前のごときに騙されてなるものかと言って石を投げつけると、女の姿は消えていた。すると河原に男が現れ、叢をさくさくと草刈りをはじめた。また石を投げつけると、これも間もなく消え失せた。ついではるか川向こうが明るくなって、あまたの提灯が行ったり来たりしている。これこそ狐の嫁入りというものだろうと、感心して見ていたが気がついて焚火の魚を見ると皆取られてしまっていた。

第一九九話は、土淵村の長左衛門という者が琴畑川に釣りに行っている時の話である。川端の路を見知った女が一人通る。それは琴畑から下村の方に嫁に行っている女であった。ことばをかけると笑うから、つい好い気になって女のもとに手を出したが、女は「えせほほ」と笑ってはちょいと逃げ、「えせほほ」と笑ってはちょいと退いた。そうして三日三夜、その女の跡を追って歩いたという。村でも高山のサズミ山という処の頂上に出て、眼下に村屋を眺めた時にはじめて気がついた。すると、その女もだんだんと狐になって、向こうの菅山の方へ走り去った。それからしばらく病んだと本人は言っている。

第二〇五話は、遠野町上通しの菊池伊勢蔵という大工の話である。土淵村似田貝(にたかい)の土蔵を建てに来て、棟上げの祝いの日、帰って行く途中八幡山を通る時、酔った勢いで「ここには利口な狐がいるそうだが、本当にいるなら鳴いて聞かせろ」と言った。「もしいるならこの魚をやる」と言って、祝いの肴を振りまわした。するとすぐ路傍の林の中で、「じゃぐえん、じゃぐえん」と狐が三声鳴いた。伊勢蔵は、「ああいたいた、だがこの肴はやらぬからお前達の腕でおれから取ってみろ」と言い、そこを通り過ぎた。同行していた政吉爺は、そんなことを言うものではないと制したが、「なに、狐ごときに騙されてたまるものか、これでも持って帰れば一かたき（一食分）食べられる」と大言して止まなかった。ところが八幡宮の鳥居近くに来た時、「ちょっと小用を足すから手を放してくれ」、と言うのでもう里になったからよかろうと思って、手を放すとよろよろと路傍の畠に入ったまま出てこない。おかしいぞとその跡から行ってみると、祝いに着た袴羽織のままで、溜池の中へ突き落とされて半死半生になっていたという。

これらの三つの話に共通する点は、大まかに言えば二つある。一つは狐に化かされる処が里でもなく山でもなく里山という中間の空間である点である。もう一点は主人公の〈欲望の肥大化〉が狐につけ込まれ悲劇的な結末に陥ることにある。具体的に言うと、第一九五話の舞台は、愛宕山の下の流れである。そこはいわば里が切れ、里山と呼んでもよいエリアであった。主人公、宇助河童は川仕事を得意とする人物で、夜釣りに大きな釣果をあげていた。暑気が烈しかったので、腐らせてはならぬと焚火で魚を炙りながら糸を垂れていた。もっと多量の釣果を宇助は望んだのである。そこへ狐が現れ三度化かしたが、二度までは騙されずに狐の仕業であることを見破り、石を投げて追い払った。ただ、三度目は、狐の嫁入りに見とれて気を奪われていたために、炙っていた魚は皆取られてしまったというのである。ここにある滑稽さは〈欲望の肥大化〉から発している。多量の釣果を狐に奪われまいとする心が逆の結果をもたらしたのである。

第一九九話も設定は、第一九五話と同じシチュエーションである。長左衛門が琴畑川で釣りをしていると、川ばたの路を見知り越しの女が通る。それは琴畑から下村の方に嫁に行った女であった。ことばをかけると笑うので、ついいい気になって女に手を出した。女は「えせほほ」と笑いちょいと逃げ、「えせほほ」と笑ってちょいと退いた。つまり、触れなば落ちむといったコケティッシュな笑いで男を誘うのだ。そして正気に戻った時には、サズミ山（標高六〇九メートル）の頂上にいた。すると、女は狐に戻り菅山の方に逃げて行ったという。ここにあるのは第一九五話と同様、別な意味で〈欲望の肥大化〉であるといってよい。

第二〇五話は、菊池伊勢蔵という大工が棟上げの日に似田貝から町へ帰る途中、酔っぱらって八幡山にさしかかる話である。伊勢蔵は、狐をからかい、狐ごときに騙されてたまるかと、酔った勢いで大言を吐いた。八幡宮の鳥居近くで、伊勢蔵は小用をもよおし、連れの手を離れてよろよろと路傍の畠に行ったまま戻ってこなかった。遅いので連れの者が行ってみると、祝いの袴羽織のまま溜池の中で半死半生になっていたという。八幡宮の境内は広い。そこは遠野の街中に入って行くいわゆる里山との境界に位置していた。伊勢蔵は狐を馬鹿にし、ついに狐に化かされたのである。ここにも人間の〈奢り〉があった。そのために伊勢蔵は狐に罰せられたのである。

このように見てくると、人間が狐に勝つ話もあるが、多くは人間が狐に化かされ、酷い目に遭っている。その大きな要因は、人間の〈欲望の肥大化〉、または、人間の〈奢りの肥大化〉によって起こっている。

そうした典型的な話が、第二〇一話、第二〇二話であった。この二話は「飯綱」という小さな狐を用い、未来を予知したり、占ったりする能力を身に付け財を成すというモチーフによって書かれている。

第二〇一話は、小友村の某は、見知らぬ旅人と道連れになり、その者の言う事がことごとく当たっていたのに驚いた。そのわけを聞くと、「なにわけはない、おれはこういうものを持っている」と言い、袂(たもと)から小さな白い狐を取りだした。「これを持っていれば誰でもおれのように何事でもわかるし、また思うことが何でもかなう」と言った。某は、その小狐が欲しくなり、いくらかの金でこれを譲り受けた。そしてよく当たる八卦置きになった。はじめは近所にいって、今日はこっちのトト(父)は浜からこれこれの魚を持ってくる、浜での価はいくらでこっちでいくらで売れれば儲かる、と予言した。それが的中するのでおいおい信用する人が多くなり、村屈指の金持ちになった。しかし、どうしたものか何年かの後にはその八卦が次第に当たらなくなり、いつの間にか元通りの貧乏になったという。飯綱というものは皆こういうものである。

第二〇二話も同工異曲の話で、土淵村の某も旅人から飯綱の種狐をもらい受け同じような運命をたどる。二つの話から推測すれば、どうやらこの魔法は、遠野の外から入ってきたもののようである。それはともかく、この話もまた〈欲望の肥大化〉を語りながら、結局、人間はそれぞれ相応の人生を生きるほかはない。甘受しなければならない、知り得ない未来に対する予告を売る飯綱、そしてそれを買う人々、そこには財の移動があり、富への幻想がある。いわば飯綱の管狐（くだ）（憑き物の一種）はそういった象徴であったといってよい。

五　ムラの変貌

以上、さまざまな狐について見てきた。

ここではじめに述べた狐の出現の環境について再考しよう。山と里の間に広がっているのが里山である。そこの主人公が狐であったことは、これまで見てきた通りである。しかし、里山はアプリオリに素朴に存在する空間ではない。それは、いうならば自然と人間の共生によって長い時間をかけて生み出された環境であった。共生とはここでは人間が〈自然〉に寄り添い、〈自然〉もまた人間に寄り添う、そのような関係である。具体的に言えば、山麓に広がる雑木林の下草刈り、落葉掻き、そして枯れ枝や枯れ木の剪定、管理、あるいは竹林の調整、そして里山から流れる水路の確保、堤の修理等が、その里山の恩恵を被っているムラや集落といった共同体の人々総出で行われる必要があった。たとえば「萩刈り」というムラの行事を舞台にした話が『物語』第九〇話、『拾遺』第一〇五話に描かれている。萩刈りは、旧暦七月の盆過ぎに馬の飼料として雑木林に繁茂した萩を刈りに行く行事である。勿論、遠野の家々のほとんどが馬を飼っていたから、この下草刈りはムラ総出で行われ、それが雑木林の更新、維持に繋がっていたわけであった。

しかし、昭和十年（一九三五）に出された増補版『物語』[9]の折口信夫（しのぶ）の解説には「もうここの家にも、萩刈りを急がなければならぬような牛馬もいなくなっている様子だ。家のあとを立てている息子夫婦は、孫ぐるみ遠い都会に出てしまって、女隠居ひとりであった」と書かれている。つまり、『物語』の初版が出版されたのは明治四十三年（一九一〇）であるから、この二十数年の間に遠野のムラそのものが急速に変貌していたのであった。

これは当然遠野に限ったことではない。明治時代に入り日本の各地域に近代化の波が及んだせいであった。遠野という辺境の世界においても、その波は確実にムラ社会を変容させていった。その象徴的な社会的情況の変化は、交通、運輸の変革である。具体的には鉄道の輸送、道路の整備という点が挙げられよう。しかし、これは単に物資の輸送や人の移動をもたらしただけではない。人々の心を急激に変容させたのである。

ところで遠野の鉄道はいつ敷設されたのであろうか。明治二十二年（一八八九）に上野・盛岡間の東北本線が開通することによって、これと三陸海岸を結ぶ内陸の鉄道建設の気運が高まってきた。最初は遠野と大沢間が計画に上ったけれども、折悪しく三陸大津波（明治二十九年）によって頓挫する。その後、何度か計画されたが明治三十七年（一九〇四）の日露戦争によって中止を余儀なくされた。結局、大正二年（一九一三）に花巻・土沢間に狭軌道の鉄道が開通し、大正四年（一九一五）には仙人峠駅まで路線を延ばした。しかし、仙人峠のトンネル掘削は難工事が予想され、ここまでで中止となった。これに代わって大正十二年（一九二三）笛吹峠に自動車道路が開通し、三陸海岸の海産物、鮮魚が遠野を中継地として軽便鉄道に積み込まれ、花巻、盛岡に輸送することが可能となったのである(7)。

こうした大量輸送の時代が始まり、これまでの馬による「駄賃付け」の生業は、急速に衰退していった。思い出してみれば、折口によって増補版『物語』の解説が書かれたのは昭和十年（一九三五）であるから、遠野の鉄道敷設と「駄賃付け」の廃業は軌を一にする社会現象であったといってよい。こうして遠野で馬を飼う家が減少していったのである。これは遠野の生活様式を一変させることでもあった。俗に遠野は馬三千、人三千といわれ、市日には月に六回、六度市が立った。そこでは多くの現金が動くが、また人も遠野に集散し、『物語』の基盤となる周辺の不思議な話が遠野に集まり、蓄積されたのであった。

こうした現象は、単に社会的変化に止まらない。たとえば『物語』第七五話には次のような話が載っている。

離森（はなれもり）の長者屋敷にはこの数年前まで燐寸（マッチ）の軸木の工場ありたり。その小屋の戸口に夜になれば女の伺ひ寄りて人を見てげたげたと笑ふ者ありて、淋しさに堪へざるゆゑ、つひに工場を大字山口に移したり。その後また同じ山中に枕木伐出しのために小屋を掛けたる者ありしが、夕方になると人夫の者いづれへか迷ひ行き、帰りて後茫然としてあることしばしばなり。(後略)

『注釈 遠野物語』によれば、マッチ工場があったことは事実であるけれども「簡易な作業場」であったらしく「『工場』といえるほどのものかどうかわからない」と述べている。[8] また土淵村栃内から枕木を筏に組んで流したという文書の記録があり、「わが国の鉄道の発達にともなって枕木の需要は大きかった」と解説している。おそらく、これは前述した遠野の鉄道の敷設と深く関係していたことを物語っている。また「雑木林が伐採された跡に檜が植林されている。そのころに大規模に人の手が加えられた場所であることは事実である」とも述べられている。つまり、遠野の山林の環境は、人工的で均一的な樹木を植林し、雑木林の持った豊かで多様な生産性を放棄したのであった。根本まで日が届き、紅葉すれば落葉を掻き、山の恵みである茸を採るといった山と里の交流は失われたのである。

こうした記録から遠野の里山が変貌したと同時に、そこで暮らす人々の心もまた変容していった。遠野にも合理的な近代化の波は、着実に浸透していったことがわかる。人々の生活から、次第に里山に寄せる心が離れていったのである。

狐の多くの話は、そうした時代を背景にして生まれてきたものである。すでに述べたように狐は、冬から春にかけて現れる里山の〈王〉であった。豊穣をもたらす山の神の使いとして狐に里人はある種の畏敬の念を持っていた。しかし、里山と里人の共生的関係が崩れることによって狐に対する尊崇の観念は薄れてきたのである。薄れただけではない。狐もまた敵対する動物に変化したのである。

そうは言っても、未だこの動物に〈獣〉の性格だけを見ていたわけではなかった。里山から離れた里人の心には、奇妙な、人間を超えた能力を狐が持っているように感じられた。それは近代化に向かう硬直した心に、どこか薄ら寒い、後ろめたい感情を生みだしたのである。人間を化かすという幻想は、こうして里人の心に増殖していったと考えられる。そのような意味で狐は、硬直した心を持った里人にはある種のトリックスター的な存在であった。

中世以来、狐の話、説話は数多く見られるが、そうした話型は、確かに遠野の話にも受け継がれてはいる。中世説話には妖艶な狐や妖怪化した狐が人間を手玉にとって化かす話も枚挙に暇がない。しかし、遠野の狐の話はそうした伝統を受け継ぎながら、近世から明治期へと向かう近代化の影に育まれた話であったのである。

こうして里山を抱えた村落共同体は崩壊しはじめ、再び狐に化かされるような話を再生産することはなかった。遠野地域も、近代化という夢に合理化と効率を求める世界へと変貌していくのである。

注

（1）後藤総一郎監修・遠野常民大学編『注釈 遠野物語』筑摩書房、一九九七年八月。
（2）（1）に同じ。
（3）有岡利幸『里山Ⅱ』法政大学出版局、二〇〇四年三月。
（4）遠野物語研究所編著『注釈 遠野物語拾遺』下、遠野物語研究所、二〇一三年五月。
（5）（4）に同じ。

（6）鈴木久介『遠野市の歴史』熊谷印刷出版部、一九九三年七月。

（7）（6）に同じ。

（8）（1）に同じ。

（9）一九三五年に出版された増補版は、一九一〇年の初版（「旧版覚書」「遠野物語」（頭注あり））に「再版覚書」「題目二項」と「遠野物語拾遺」「後記」（折口）「索引」を付け加えたものである。尚、文献学的なことは石井正己「『遠野物語』の文献学的研究」（『テクストとしての柳田国男』三弥井書店、二〇一五年一月）に詳しい。

子供と遊ぶ神仏　あるいは流行り神について

はじめに

昨今、ニュースや新聞で、六十五歳以上のお年寄りだけのムラが増加しているという記事をしばしば目にする。やがてそのムラは限界集落となり、滅んで消えていくというシナリオである。また、子供を出産することが可能な若い女性たちが都市部に集中するようになり、これまた地方は、新しい共同体の成員を増加させることができずに疲弊してゆく大きな要因となっているという。つまり、子供の声が聞こえないムラが多くなりつつある。

こうした現代の社会的問題を念頭において『物語』、『拾遺』を読むとどういう景色が見えてくるだろうか。それが小論の目論見であるが、誤解されるのは困るので、一言断っておくが現在の遠野地方が上記のような危機にあるというのではない。将来のことはともかく、遠野の物語世界には豊かな共同体が活き活きと描かれていることに目をむけたい。

一　子供と遊ぶ神仏

『物語』および『拾遺』には神仏と子供が遊ぶ話が数多く収録されている。

栃内村の字琴畑は深山の沢にあり、家の数は五軒ばかり、小烏瀬川の支流の水上なり。これより栃内の民居まで二里を隔つ。琴畑の入口に塚あり。塚の上には木の座像あり。およそ人の大きさにて、以前は堂の中にありしが、今は雨ざらしなり。これをカクラサマといふ。村の子供これを玩物にし、引き出して川へ投げ入れまた路上を引きずりなどするゆゑに、今は鼻も口も見えぬやうになれり。あるひは子供を叱り戒めてこれを制止する者あれば、かへりて祟りを受け病むことありといへり。（『物語』第七二話）

遠野町字会下にある十王堂でも、古ぼけた仏像を子供たちが馬にして遊んでいるのを、近所の者が神仏を粗末にすると言って叱りとばして堂内に納めた。するとこの男はその晩から熱を出して病んだ。そうして十王様が枕神に立って、せっかく自分が子供らと面白く遊んでいたのになまじ気の利くふりをして咎めだてなどするのが気に食わぬと、お叱りになった。巫女を頼んで、これから気をつけますという約束で許されたということである。（『拾遺』第五三話）

それぞれから一話ずつ挙げた。子供と遊ぶ神仏は、「カクラサマ」や「十王様」のほかに「馬頭観音」（『拾遺』第五一話）、「阿修羅様」（同第五二話）、「大師様」（同第五四話）等、多彩な神仏が子供たちと遊んでいる。神仏とは言いながらむしろムラという共同体において祀られていた民俗神の色彩が強い。カクラサマについては、さまざまな説があるがどのような神なのかはわからない。

ところで、子供を叱る大人がなぜ懲罰を受けるのであろうか。神仏を粗末にすると叱ることがなぜいけないのか、という問題である。『拾遺』第五三話に「せっかく自分が子供らと面白く遊んでいたのになまじ気の利くふりをして咎めだてするのが気に食わぬ」という十王様のことばが出てくる。ここにすべての答えが隠されているように思う。この神仏はかつて大人が信仰の対象として祭祀したものであった。いわばそうした大人からうち捨てられ、忘れ去られようとしているのがこの民俗神たちである。これらの神仏は名のある神社仏閣に祀られていた気配はない。しかし、ある時まではこれらは鄭重に祀られ、信仰されていたのである。とすると、これらの神仏を粗末にあつかっているのは子供の方ではなく、大人ではないか。「気の利くふりをして」という語感には、そうした神仏の心が投影されている。子供はそうした忘れ去られようとしている像を玩具にして遊ぶ、遊ぶことでこれらの神仏は蘇生するのである。

会下の十王堂の話は、じつはここだけではない。『拾遺』第六八話に次のような話が載っている。

前に言った会下（えげ）の十王様の別当の家で、ある年の田植え時に、家内じゅうのものが熱病にかかって、働くことのできる者が一人もなかった。それでこの家の田だけはいつまでも植つけができず黒

> いままであった。隣家の者、困ったことだと思って、ある朝別当殿の田を見廻りに行ってみると、誰がいつの間に植えたのか、生き生きと一面に苗が植え込んであった。驚いて引き返してみたが、別当の家では田植えどころではなく、皆枕を並べて苦しんでいた。怪しがって十王堂の中を覗いてみたら、堂内に幾つもある仏像が皆泥まみれになっていたということである。

「会下の十王堂」は十七世紀初頭、廃寺となった積善寺の門前にあった堂宇の一つであったという。「会下」は僧侶たちが集まって修行する処をいう。廃寺の後、下会下家が別当家として十王様を祀ってきた（遠野物語研究所編著『注釈 遠野物語拾遺』上、遠野物語研究所、二〇一一年一月）。おそらくそうした関わりから十王様が田植えを手伝ったという奇蹟譚が生まれたのであろう。利いた風なことを言って子供を叱る大人には祟り、きちんと祭祀する者には恩情をかける、そういう両義的なホトケであった。

病に罹った大人と祟る神仏を仲介するのは多くの場合、巫女である。『拾遺』第五三話のほかに、『拾遺』第五一話、第五二話に巫女が登場する。これは遠野地方を舞台に動き回っていたムラの宗教者であった。つまり、これら一連の話型を同じくする話の流布には巫女が介在していたのであろう。

今、遠野の子供と遊ぶ神仏の話とは、まったく正反対の説話を挙げておこう。『日本霊異記』下巻・第二九縁に「村童の戯れに木の仏像を剋み、愚なる夫斫き破りて、以て現に悪死の報を得し縁」という話が載っている。その概略を示す。

> 紀伊国海部郡仁嗜の浜中に一人の頑迷愚劣な男がいた。生れつきの愚か者で、仏法の因果応報の道

理がわからなかった。海部郡と安諦郡とを結ぶ山道があった。名付けて玉坂の道という。南を指して越えると、秦里に到り着く。その里の童が山に入り薪を拾い、その山道の傍らで遊び戯れていた。木を刻み仏像を作り、石を積み重ね塔として、そこに仏像を据え、供養のまね事をして遊んでいた。この愚かな男は、これを嘲って斧で仏像を斬り捨てた。男はそのまま立ち去ったが、いくらも行かないうちに身を投げ出すように倒れた。口、鼻から血を流し、両眼は飛び出し、そこで死んでしまったという。

この説話は、勿論仏教のイデオロギーによってふちどられた話である。しかし、その衣を取り去ってしまえば峠にホトケを祀ろうとした村童の遊戯ということになろう。この童は無心に拙いホトケの像を刻み、祀るとも遊戯とも自覚しないで安置したのである。しかし、無知な愚かな大人がこれを斬り裂いて去って行き、その途中で仏の懲罰を受けて死ぬことになる。逆から見れば粗末なホトケの像はいつの間にか魂が籠っていたことになる。それを破壊したために男は懲罰を与えられたのであった。無心な子供の心に仏が感応したといってもよい。

「七歳までは神のうち」という風俗言がある。無垢、純真な子供の魂にはカミやホトケが宿るということであろう。その意味では『日本霊異記』のこの話と遠野の子供と遊ぶ神仏の話は、表裏をなしている。というよりも子供という存在がムラという共同体においていかに大切であるかを如実に語っている。

子供は、次世代のムラを支えていく大切な存在であった。いわばうち捨てられたカミやホトケがそれを知っていたわけである。カミもホトケもまた子供によって活性化され、そのムラという共同体を支えていくものであり、それへの信仰が失われない限り、ムラは永続するのである。まさに子供はムラの未来へと開かれていたのである。

二　流行り神

『拾遺』の「題目」を見ると、子供と遊ぶ神は「子供神」という項目に分類され第五一～五六話にまとめられている。これに対して「ハヤリ神」の項目は、第四三～四八話に置かれている。柳田の『物語』の編纂方法は、ただ漫然と佐々木喜善(きぜん)から聞いたままに話を配列したものではない。そこにははっきりとした意図が隠されている。『拾遺』も同じと考えれば、『拾遺』第四九話、第五〇話を挟んで「流行り神」と「子供神」は連続していることになる。第四九話は小さな地蔵堂の話であり、第五〇話は八幡様の祠の話で「耶蘇の母マリヤ」の像とも言われている。いわゆる民俗神のたぐいを語ったものである。

つまり、流行り神と子供神のモチーフはどこかで繋がっている。そのような視点から流行り神の話を見ていくことにしよう。

青笹村の御前の沼は今でもあって、やや白い色を帯びた水が湧くという。先年この水を風呂にわかして多くの病人を入湯せしめた者がある。たいへんによく効(き)くというので、毎日参詣人が引きもきらなかった。この評判があまりに高くなったので、遠野から巡査が行って咎(とが)め、傍にある小さな祠まで足蹴(あしげ)にし、さんざんに踏みにじって帰った。するとその男は帰る途中で手足の自由が利かなくなり、家に帰るとそのまま死んだ。またその家内の者たちも病気にかかり、死んだ者もあったということである。これは明治の初め頃の話らしく思われる。（『拾遺』第四三話）

これより少し先のこと、この爺が山中でにわかに足腰が立たなくなって、草の上につっぷしていたところが、この清水が身近に湧き出しているのに気がつき、これを飲みかつ痛む箇処に塗りなどすると、たちまち躯（からだ）の痛みが去って、気分さえさっぱりしたというのが、この清水の由来であった。松崎村役場の某という若者の書記が、こんなばかげたことが今日の世の中にあるものかと言って山に行ったが、清水の近所まで行くと、たちまち身動きができなくなって、傍らの草叢の上にうち倒れた。口だけは利くことができたので、虎八爺に助けてくれと頼むと、お前の邪心は許しがたいが、せっかくの願いゆえ助けてはやる。今後はけっしてかような慢心を起こしてはならぬと戒めて、その清水を汲んで飲ませた。するとすぐに躯の自由が利くようになったそうである。これはその直話である。（『拾遺』第四五話）

二つの話を挙げた。じつは『拾遺』の第四三～四八話の六話は、すべて湧き出た清水に関わるものである。そこに祀られているのは「黒蛇」（第四四話）であったり「早池峰の神にゆかりのあるもの」（第四六話）だったりする。いわゆる民俗神と習合した少々怪しげな土着的な水神である。おそらく黒蛇や早池峰の神は、再生や復活を意味する記号であろう。『拾遺』第四七話に「ハヤリ神が出現する時には、方々に引き続いて出るものである」とあるように、ある処に湧き出た〈水〉を飲んだり、痛む患部に塗ったりすると、たちどころに治癒するという言説が、遠野地方の方々に伝染し、にわかの信仰を生んだのである。ただ、それは決して長続きはしない。打ち寄せていた波が引いていくように「二、三か月で人気がなくなった」(第四四話)のである。

ところで、なぜこのような流行り神が突然現れるのであろうか。引用した第四三話では「遠野から巡査が行って咎め」とある。またもう一つの第四五話では、「松崎村役場の某という若者の書記が、こんなばかげたことが今日の世の中にあるものか」と言って山の清水に出かけて行く。巡査、役場の書記、これらの人々は、いわばムラの外側の人たちである。言い換えればムラの内部の常民ではなく、一応、権力の側にいる者であった。第四三話の末尾に喜善は「これは明治の初め頃の話らしく思われる」と述べているが、江戸から明治へという転換期にあってムラという共同体もまた少しずつ変容していったのである。役場の某書記が「今日の世の中」ということばを発していることは象徴的である。ここに移りゆく世の中において役人とムラの人間との間には乖離が生まれているのであった。

このように読み解いてくると、流行り神は、かつて山や野において祭祀されていた名もないカミの亡霊が立ち現れ出てきたものであるといってよい。変わりゆくムラ社会に顕現し、最後のあがきを村人に訴えたのである。おそらく山の清水を管理していたのは、山伏や巫女たちであったろう。そのような民間宗教者の口を借りて遠野地方一帯では流行り神が一斉に目を覚ましたのであった。

すでにとりあげた「子供と遊ぶ神仏」では、子供を咎め、叱るのは大人たちであった。そしてそれが反って神仏の怒りを買い、病気になったり、祟られたりしている。ところが「流行り神」の場合は、これを信じない者が病を得たり、死んでしまったりしている。つまり、この二つの話の構造は、ほとんど同じであるといってよい。

ムラから忘れ去られようとしている小さな祠に祀られていた神であるために子供の遊び相手になったり、その玩具になったりする神の姿と、突然、降って湧いたような流行り神の出現は、じつは一つの信仰、習俗の表裏でしかない。ともにムラの信仰の衰えを語る話であり、ムラ社会の変わりゆく姿を語っているのであった。

Ⅱ　他界と異界

一　宿縁の女たち

喜善に『東奥異聞』という作品がある。大正十五年（一九二六）に刊行された遠野を中心とした伝説、口碑等を集めたもので、彼が話者として関わった柳田の『物語』の成立が明治四十三年（一九一〇）であるから、十五年後のことであった。

その中に以下のような文章が載せられている。[1]

　生まれながらにして、人間以外のものに、すなわち妖怪変化のものの処に縁づくべき約束のもとにあり、その娘が齢ごろになると種々な形式でもってそこに嫁いでゆくというような口碑伝説がいくらもある。（「ふしぎな縁女の話」）

そして、その例を示す話として次のような話が掲載されている。

岩手県上閉伊郡釜石町、板沢某という家の娘に見目よきものがあった。この娘ある日クワの葉を摘むとて裏の山へいったまま、クワの木の下に草履を脱ぎ棄ておいてそのまま行くえ不明になった。家人は驚いて騒ぎ悲しんでいるとそこに一人の旅の行者が来かかりその訳を聞き、いわく、今は嘆くともせんかたないだろう。じつはこの娘は生まれながら水性の主の処へ嫁ぎゆくべき縁女と生まれ合わせていたので、いまはちょうどその時期がきて、これから北方三十里ばかり隔たった閉伊川の岸腹帯という所の淵の主のもとにいったのだ。しかし生命にはけっして別状あるわけではなし、かえっていまでは閉伊川一流の女王となっていることであろう。そしてこれからは年に一度ずつはきっと家人に会いに参るであろうとの話であった。(「ふしぎな縁女の話」)

ところが『物語』には、これとよく似た話が収録されている。

黄昏に女や子供の家の外に出てゐる者はよく神隠しにあふことは他の国々と同じ。松崎村の寒戸といふ所の民家にて、若き娘梨の樹の下に草履を脱ぎおきたるまま行方を知らずなり、三十年あまり過ぎたりしに、ある日親類知音の人々その家に集まりてありし処へ、きはめて老いさらぼひてその女帰り来たれり。いかにして帰つて来たかと問へば、人々に逢ひたかりしゆゑ帰りしなり。さらばまた行かんとて、ふたたび跡を留めず行き失せたり。その日は風の烈しく吹く日なりき。されば遠野郷の人は、今でも風の騒がしき日には、けふはサムトの婆が帰つて来さうな日なりといふ。

(『物語』第八話)

いずれも若い娘が突然かき消すように姿を消し、別の世界で生きていたという話である。『東奥異聞』の場合は、現身ではないけれども「この板沢家には氏神に大天馬という祠がある。その祭りは秋九月ごろらしいが、その前夜にはかならずその娘が家に戻ってくる。玄関には盥に水を汲み入れその傍らに草履を置くとつねにその草履は濡れ水は濁りてあったということである」と書かれている。

このように酷似しながら決定的な違いもまた目に付く。サムトの婆の話には、突然娘が姿を消したその理由は、何ら語られていない。『東奥異聞』の娘は、旅の行者によって「じつはこの娘は生まれながら水性の主の処へ嫁ぎゆくべき縁女と生まれ合わせていたので、いまはちょうどその時期がきて」とその理由が説明されている。つまり喜善のことばを借りれば「すなわち妖怪変化のものの処に縁づくべき約束のもとにあり」ということになろうか。

喜善は別のところで、たとえば『縁女綺聞』（一九三〇年）の中で「生れながらにして異族妖魔のものもとに縁嫁して行った女性どもの宿因不思議」についてくり返し説いている。(2) このような喜善が描いた世界と『物語』との位相はどこからくるのであろうか。少なくとも喜善は、柳田にこうした物語に内包された女性の宿命、因縁、因果について熱く語ったにちがいない。そうしたモチーフを抹殺して語ったとは考えにくい。すると聞き手の柳田が、こうした宿縁の部分を無視したか、あるいはわざわざ変更を加えたのではなかったか。なぜだろうか。

柳田にとって遠野は都から遠い僻遠の地であった。そこに残されている物語には、日本の今や滅びようとしている貴重な世界が語られている、そういう認識がまず柳田にはあったと思う。柳田は、遠野に大きな魅惑を感じ、やがてこの地を『物語』の刊行の年に訪れることになる。そこで豊富な民俗や伝承世界を目の当たりにした。そうした経験がいわば『物語』という民俗学の黎明期の記念碑的な作品となって結実したのであった。しかし、柳田は、そこでは所詮、遠野を過ぎっていく旅人でしかなかった。その証拠に彼は、やがて広い民俗学の海に出ていくことになる。

柳田の『物語』が世に出た時の社会的立場は、兼任内閣書記官記録課長という身分であった。それ以前、帝国大学を卒業後、彼は農商務省農務局に勤務している。いわば行政官として地方の農政に携わっていたわけである。多くの地方に赴き、彼は高級官僚としてその地を観察、認識したにちがいない。遠野は、水野葉舟を通じて自らの興味によってあらかじめ特別視された土地ではあった。しかし、そこには政務官としてその土地を冷徹に見るエリートの心がなかったといったら嘘になるだろう。彼は、一方では滅び行く民俗の豊かなる土地として感銘を受けながら、他方、中央政府の政務官として遠野を僻陋の地として認識していたのである。

つまり合理的な近代精神とヨーロッパから受け継いだ理性的な知性は、遠野に広く流布する物語の宿命的な因果性を非合理なものとして認めようとはしなかったのである。山男や淵の主、あるいは河童や野の動物たちに縁づいていく女性の悲劇性をリアルなものとして感じることはなかったのである。

喜善は生まれながらにして遠野の人であった。身のまわりの山河には自分たちの知らない神とも妖怪とも知れないものたち、あるいは自分たちと変わらない心を持った動物たちがいた。それらは、いわば向こう側の世界、他界の住人でありながら、その息づかいやかそけく動く気配を察知することができた。喜善は自らの皮膚の毛穴の一つ一つで受容した経験を物語を通して語ってみせたのである。

他界は喜善のすぐ隣りにあった。身のまわりにいた若い女性の死、あるいはムラという共同体から忽然として姿を消していった娘、それらは向こう側の世界、他界との間であらかじめ約束されていた宿運によって連れ去られたと考えるほかなかったのである。

二　共振する〈他界〉

そうした他界への近さは、次のような話を見ても明らかである。まず『物語』から紹介する。

> 土淵村の助役北川清といふ人の家は字火石（あざひいし）にあり。代々の山臥（やまぶし）にて祖父は正福院といひ、学者にて著作多く、村のために尽くしたる人なり。清の弟に福二といふ人は海岸の田の浜へ婿に行きたるが、先年の大海嘯（おほつなみ）に遭ひて妻と子とを失ひ、生き残りたる二人の子と共に元の屋敷の地に小屋を掛けて一年ばかりありき。夏の初めの月夜に便所に起き出でしが、遠く離れたる所にありて行く道も浪の打つ渚なり。霧の布（し）きたる夜なりしが、その霧の中より男女二人の者の近よるを見れば、女はまさしく亡くなりしわが妻なり。思はずその跡をつけて、はるばると船越村の方へ行く崎の洞（ほら）ある所まで追ひ行き、名を呼びたるに、振り返りてにこと笑ひたり。男はと見ればこれも同じ里の者にて海嘯の難に死せし者なり。自分が婿に入りし以前に互ひに深く心を通はせたりと聞きし男なり。今はこの人と夫婦になりてありといふに、子供は可愛くはないのかといへば、女は少しく顔の色を変へて泣きたり。死したる人と物言ふとは思はれずして、悲しく情なくなりたれば足元を見てあり

し間に、男女は再び足早にそこを立ち退きて、小浦(をうら)へ行く道の山陰を廻(めぐ)り見えずなりたり。追ひかけて見たりしがふと死したる者なりと心付き、夜明まで道中(みちなか)に立ちて考へ、朝になりて帰りたり。その後久しく煩ひたりといへり。(第九九話)

私にとってこの話は、『物語』の中でもっとも好きな一編である。あたかも優れた短編小説を読んでいるような味わいがある。『物語』では、「魂の行方」という項目に入っている。亡くなった妻の姿を幻に見る、そこに柳田は力点を置いたということである。しかし同じ話を喜善が書くと微妙にニュアンスが異なっている。

『遠野物語』にもその大筋は載っているが、ごく私の近い親類の人で、浜辺に行っている人があった。明治二十九年かの旧暦五月節句の晩の三陸海岸の大海嘯の時、妻子を失って、残った子女を相手に淋しい暮しをしていた。五月に大津浪があってその七月の新盆の夜のこと、何しろ思い出のまだ生新しい墓場(しかしこの女房の屍は、ついに見つからなかったので、仮葬式をしたのであった)からの帰りに、渚際を一人とぼとぼと歩いて来ると、向うから人がこっちへ歩いて来る影が朧月の薄光りで見える。しかもそれは、だんだんと男女の二人連れであるということが分った。それが向うからも来る。こっちも行く……で、ついにお互に体も摺れずれに交った時、見るとそれは津浪で死んだはずの自分の女房と、かねてから女房と噂のあった浜の男であった。その人の驚いたことは申すまでもなく、しかし唖然として二三歩行き過ぎたが、気を取り直して、振り返り、おいお前はたきの（女房の名前）じゃないかと声をかけると、女房はちょっと立ち止まって後を振り向き、じっと夫の顔を見詰めたが、そのまま何もいわずに俯向いた。その人はとみに悲しくなって何たら事だ。俺も子供等もお前が津浪で死んだものとばがり思って、こうして盆のお祭をしているのだのに、そして今はその男と一緒にいるのかと問うと、女房はまたかすかに俯首いて見せたと思うと、二三間前に歩いている男の方へ小走りに歩いて追いつき、そうしてまた肩を並べて、向うへとぼとぼと歩いて行った。その人もあまりのことに、それらを呼び止めることさえ出来ず、ただ茫然と自失して二人の姿を見送っているうちに、二人はだんだんと遠ざかり、ついには渚を廻って小山の蔭の夜靄の中に見えなくなってしまった。それを見てから家に還って病みついたが、なかなかの大患であった。（後略）

喜善『縁女綺聞』からの引用である。(3)『物語』と比較してみると、物語の内容はほとんど同じだといってよい。しかしそのディテールは異なる部分が多い。たとえばこの幻の男女との出会いは、亡くなった妻の墓に参った新盆の帰りということになっている。『物語』の場合は、「夏の初めの月夜」とあるだけで、偶然に妻と男の二人連れを目撃したことになっており、盆行事には触れていない。このシチュエーションの相違は、きわめて重要であり、その理由については後に述べる。

なぜ柳田は、盆という特殊な時節、それも新盆というシチュエーションを無視し、この話から排除したのであろうか。それとも喜善は、この話で柳田には新盆という時節について語らなかったのであろうか。じつは柳田に喜善を引き合わせた小説家・水野葉舟にも「怪談会」という短編があり、この話がとりあげられている。それを見ると、『物語』とほぼ同じで、主人公は亡妻を便所から偶然に目撃したことになっている。勿論、ここには新盆の記載はない。すると、どうやら『物語』成立後に、喜善の心の中ではこの事件に対する何らかの変容、あるいは化学的な変化が起こっていたと想像される。

あまりにも美しい、どこかメルヘンにも似た世界を創りあげた柳田の世界に喜善はある種の違和感を感じたのではなかったか。そこには確かに「魂の行方」というモチーフで描かれた完結した物語世界が広がっている。しかし、違う、喜善の心は、もっと生々しい現実世界とあの世、他界との交わりを感じていた。現実が他界に侵される、そういってもよい。あるいは現実と他界が〈共振〉していると。

それは、「渚際を一人とぼとぼと歩いて来ると、向うから人がこっちへ歩いて来る影が朧月の薄光りで見える。しかもそれは、だんだんと男女の二人連れであるということが分った。それが向うからも来る。こっちも行く……」といった描写に典型的に現れている。渚はここではこの世とあの世の境界であり、新仏の墓場に参っての帰り道、この二つの世界は、まさに〈共振〉しているのであった。便所から見ていて偶然に発見したのではない。本人も歩いて行く、向こうも歩いて来る、その交わりが新盆という時間の接点であり、現実と他界という空間の交点であった。屍のあがらない妻の姿を主人公は目の当たりにする。遺体が見つからないからこそ亡妻の姿はよりリアルにそこにあった。悲しい現実の記憶の中にある男と同時に他界は、今や現実と結ばれた〈絆〉であったといってもよい。それはよそ者でしかなかった柳田と喜善の決定的な違いであった。喜善には〈他界〉はすぐ隣りにあった。

三　悲惨な歴史

江戸時代、宝暦六年（一七五六）、奥州は大飢饉に見舞われている。南部藩も例外ではなく、凶作が予想されていたにもかかわらず蔵米の多くが江戸に送り出されていた。このため翌年には飢えた領民が溢れる中、救済する米が一粒もないありさまであった。次いで天明年間（一七八一～一七八九）、天保年間（一八三〇～一八四四）に大飢饉が起こり、その窮状は悲惨をきわめた。こうした現実を喜善は一つの説話として切りとっている。(4)

村の別当の家（薬師社の別当で、ふだんは百姓をしていました）に、十一とかになる男の子があった。その頃年々打ち続く飢饉に、家でもろくろく食をせぬので、その童は外に出ては、他人の家の軒下に積んである豆殻のあたりで、落ちている豆などを拾って食べていた。ところが、それが村の評議となって、肝入が別当の家へかけあいとなり、この後一切その男の子を外へ出さぬということで、やっと事が落着した。

けれどもその童は、その後も夜など時々出ては、村の家々を廻って歩くので、村ではまた別当の家に再度のかけあいをすることになった。その時別当の答えでは、「いかにも村方へ御迷惑を相かけぬよう始末をつけましょう」と言うのであった。

ある日、別当の父が、その童をつれて山へ行った。何か木でも伐りにというふうで、父親は大斧を持って先に立って歩きながら、いつにない親切な言葉を童にかけた。童はそれを心から喜んでいそいそと行った。そうして坊子沢（ぼうしさわ）という所へさしかかった時、「あんまりくたびれたから、この岩の上でちょっと休んで行こう」と父は言って、童と一緒に岩の上にのぼって、横になった。

ところが幾日も幾日も、ろくろく物を食べないで労（つか）れきっていた童は、すぐさますやすやと眠ってしまった。そこを父親は大斧で子供の頭を斬り割って殺してしまった。（「子殺し」）

凄惨な話である。しかし凄惨と言えば『物語』にも無くはない。たとえば第一一話の嫁と姑の折り合いが悪く、息子が母親を大鎌で斬り殺そうとした事件は、事実にもとづくもので、そこには凄惨な現実があった。母親は、血の海の中から警察官に引き立てられて行く息子を見て「おのれは恨みも抱かずに死ぬるなれば、孫四郎は宥（ゆる）したまはれ」と嘆願する。おそらく嫁姑の問題は、世間一般にあって決して珍しい話ではない。息子が母親を殺そうと行動し、また息子を思う母の哀れさが、この「世間話」を成立させている。

母と息子の関わりは、ある意味では永遠のテーマであるけれども、喜善の描いたのは父親と息子の関わりであった。十一歳の少年は、ちょうど食べ盛りであり、空腹からくる飢餓感に堪えることができない。そして、ムラ自身もまた飢餓に脅えている。夜毎、徘徊して隣り近所の軒下の食物を拾う少年の行為を、ムラは許さなかった。厳しい現実がここにはある。哀れな少年を、それでも父親は処断しなくてはならない。いわば血を分けた息子を自らの意志で殺す、そうする以外にこの村落共同体を守る手だてがなかったのである。悲惨と言えば悲惨、残酷と言えば残酷、飢饉という情況が作り出したきつい共同体の掟がここにはあった。

これは『物語』に描かれた孫四郎の悲劇とある意味では変わらない。じつは右の話には続きがあって、そこには次のような注目すべきことが書かれている。

私（佐々木）の曾祖母にあたる人は、その別当の家から佐々木に来た人だそうである。その人が豆畑に出て雑草をとっておると、畔の蔭からひょっと顔を出して、「叔母御！」と小声で言うものがあった。見るとその童であったので、「何、どこさ来る！」と何気なしに叱りつけた。すると童はさもさも悲しそうな顔をしていたが、またそのまま草の中に顔を匿して見えなくなってしまった。それは童が父親に殺される前日のことであったそうである。（「子殺し」）

この少年は殺される前日、豆畑にいた叔母に何を訴えようとしたのか、喜善は書いていない。他人の豆を食って殺されるべき宿運を持っている少年は、奇しくも豆畑に現れている。叔母が見た少年は、この童の現身であったのか、それとも幻であったのか、喜善は語らない。しかし、それはどうでもよいことである。約束された明日までの時間、少年の魂はすでに他界に向かっている。否、現実と他界の間を往還しているように見える。少なくとも喜善は、この事件の因果に目をそそいでいる。

ところで、この話では、喜善に連なる縁者のことが語られている。普通、こうした家の悲劇を自らが世間に知らしめるような書き方をするだろうか。喜善の凝視めているのは、勿論、過去の悲惨な遠野の歴史であり、そこで起こった残酷な飢餓によって誘発された事件であったろう。しかし、ただそれだけではないのではなかろうか。彼自らが属する遠野世界、自らが身を浸している遠野の現実そのものを描こうとしているのではないか。それは、柳田の提唱した民俗学といったフレームを遥かに超えた新しい表現世界であった。殺された童を含むところの遠野というトポス、つまり遠野の山河に包摂された童の魂を喜善は救済しようとしているのだ。言い方を換えれば、喜善の遠野という土地への〈愛〉がこの物語の背後にはあったのである。それはもはや民俗学ではない。喜善は郷土を愛する遠野のまさに在野の人であった。

四　文明という危機

喜善の『東奥異聞』に「偽汽車の話」という短い一文がある。その内容を述べると、「よくは聞いてみぬが奥州の曠原に汽車のかかったのはなんでも明治二十二、三年ごろのことであろう。当地俚人は陸(おか)蒸気(じょうき)だといって魂消た」といった頃のこと、鉄道の敷設された各地域に流布した話で、遠野独自のものではないと喜善は言う(5)。(遠野を軽便鉄道が開通したのは明治四十四年が正しい)。

話は単純で、「いつも夜行のときで汽車が野原を走っていると、ときでもない列車が向こうからも火を吐き笛を吹いてばっばっやってくる。機関士は狼狽して汽車を止めると向こうも止まる。走ればやっぱり走り出すといったような案配式で、野中に思わぬ時間をとりそのためにとんでもない故障や過ちが出来(しゅったい)してしまつにおえなかった。そんなことがしばしばあるとどうも奇怪な節が多いので、ある夜機関士が思いきっていつものように向こうから非常に勢いこんで驀然と走ってきた汽車に、こちらから乗りこんでゆくと、ちょうど真にあっけなく手ごたえがなさすぎる。それで相手の汽車はたあいなく消滅したので翌朝調べてみると、そこには大きな古ギツネが数頭無惨に轢死しておったというのである」、という筋書である。

たわいもない狐狸の話であるが、喜善はなぜこのような伝承をとりあげたのであろうか。おそらく『東奥異聞』の書かれた大正十五年（一九二六）には、すでに汽車はそれほど珍しい交通機関ではなくなっていたであろう。今更、偽汽車でもあるまい、とも思われる。じつは喜善の興味は、明治期に生まれたこの新しい口碑がどのようにして故郷である遠野において生成され、定着し、流布していったかというところにその中心があった。昔に遡って、はじめて汽車を見た驚きについて書いているが、当初は汽車が得体の知れない生物に見えたことが狐の化けたものと関連づけられて流布したにちがいない。あるいは合目的的に構造化されたこの走る鉄の塊が、ある意味ではこの世のものとも思われない奇妙な怪物のような印象を人々に与えたのであった。遠野という一地方都市に文明の新しい機械が入ってきたことを喜善はそのように感じていたのである。

喜善は、次のように言う。「しかし偽汽車の話ではその結末がいずれもあつらえたように多少のユーモアを交えた狐狸の仕業に帰している。これは広いといったとて高が知れたかぎりの、あの草原の話だからであろう」と。(6) つまり喜善は「船幽霊」の広大な海洋の伝承を念頭において、この話にはそのような神秘性が皆無であると述べるのである。轟音を轟かして来る機関車が、じつは狐狸であったという種明かしは、汽車が一方で文明の象徴であり、「草原」が遠野という故郷の自然を象徴するものであれば、ここには喜善が言うようにその対比の妙から生まれるユーモアと同時に、故郷をこよなく思う喜善の

〈愛〉があった。「草原」の向こうに人間世界に対峙する他界がある、そうした夢を近代文明に対して語って見せたのである。それはもはや柳田が提唱した民俗学をはるかに超えた喜善の文学であったと思う。

注

（1）佐々木喜善『東奥異聞』（世界教養全集21『海南小記　山の人生　北の人　東奥異聞　猪・鹿・狸』所収）平凡社、一九六一年十二月。尚、『東奥異聞』（閑話叢書）の初版は坂本書店、一九二六年三月。

（2）佐々木喜善『縁女綺聞』（『遠野の昔話』所収）宝文館出版、一九八八年五月。尚、『縁女綺聞』は一九三〇年二月七日に記された文章である。

（3）（2）に同じ。

（4）佐々木喜善『遠野奇談』河出書房新社、二〇〇九年九月。尚、「子殺し」が収録されている「悲惨極まる飢餓村の話」は『中学生』第四年第一二号（一九一九年十二月）が初出。

（5）佐々木喜善「偽汽車の話」（『東奥異聞』（1）に同じ）。

（6）（5）に同じ。

『遠野物語』に描かれた「魂」

一

『物語』、『拾遺』には「魂の行方」あるいは「魂の行衛」という題目がある。この項目のもとでまとめられた話は、合わせると十話が収録されていることになる。しかし、このほかにも魂に関わる話は数多くあり、『物語』、『拾遺』がいかにこのような問題に深く心を寄せていたかが偲ばれる。

だが、しかし「魂」とは何だろうか。ぼくたちは、日常においても「魂」ということばをよく使うし、耳にもする。けれどもその魂とは何なのかと問われた時、自信を持って答えることができるであろうか。それよりもこの「魂」というものは本当にあるのであろうか。それとも無いのであろうか。そういう問題に突き当たる。つまり「存在」と「無」のありようである。

たとえば草花や樹木は確かに「在る」ことは誰でも納得する。疑いはしない。形あるものに対しては、誰も存在に疑義をはさむことはない。すなわち「在る」ものは「在る」わけである。とすると「無い」ものは「無い」ということになる。しかし、これはいわば大きな矛盾である。

在るものが在ると人々が認識することができるのはなぜか。それはぼくたちの「知覚」の働きによるものであろう。そう言えば草花や樹木には確固とした「形」があった。では形のないものはどのように知覚するのであろう。「魂」の問題はこの一点に懸かっている。

飯田蛇笏（いいだだこつ）の俳句に

たましひのたとへば秋のほたるかな

というのがある。題詞に「芥川龍之介氏の長逝を深悼す」とあるから一九二七年七月二十四日、間もない時の作品である。「ほたる」は夏の季語で、七月二十四日と言えば晩夏と初秋のあわいの時期だ。やがて弱りゆく点滅を終えて闇に消えていく「秋のほたる」を思ってもよい。あるいはこの句は、そうした蛍に芥川の死にゆく魂を見たところに見所がある。つまり「見えない」モノを「見える」モノにたくして知覚して詠まれた作品であった。

話変わって、小学五年生の時、ぼくは夏休みを父の生家で過ごしたことがある。お盆の時に、少し離れた閻魔堂の広場で露営で映画が上映された。高校一年の従姉妹に連れられて、その映画を見に行った。夕刻であったが夏のことで、まだ明るい畔道を歩いて閻魔堂に急いだ。筵の前の方の席を占めるためである。暗くなってやがて映画が始まった。竹に下がった白い幕に雨の降る古いフィルムが流れていき、両脇に置かれたスピーカーから割れた音量の音楽と語りの声が屋台の焼きイカやアセチレンガスの充満する闇に響いた。

小学五年生には映画の内容がさっぱりわからない。今考えると、確か若尾文子の『十代の性典』というものであった。退屈して従姉妹の袖を引き、「帰るよ」といった。映画に夢中の従姉妹は返事をしない。

閻魔堂から往きの道を歩き出した。ほとんど真っ暗闇で、足許も見えない。空に頼りなさそうな月が雲に隠れたり、出たりして幽かに明るい。小さな川の橋を渡ると、そこからぼくの居る村で、左手に高く伸びた赤松が三、四十本立っている。暗くて見えないが、その下は墓が並んでいるはずであった。この辺が村のはずれで、怪異がよく起こることを村のガキ大将から聞いていた。早足になって松林を越え、ふり返るとゴム風船ほどの赤いものが青みを帯びて浮かんでいる。それがふわふわと中空を流れて、ぼくの方に迫って来る。慌てて駆けだして田に片足を取られながら全速力で逃げた。年老いた今までに「タマシイ」を見たのはこの一回だけで、その時の経験をぼくは大人には決して話さなかった。もっとも成年になって知ったことだが、その地方は土葬の土地柄であったから、その火の玉の正体は、遺体が土中で分解し、燐が燃え出たものであった。

二

『物語』の「魂の行方」という題目の最初の話を挙げる。

佐々木氏の曾祖母年よりて死去せし時、棺に取り納め親族の者集まり来てその夜は一同座敷にて寝たり。死者の娘にて乱心のため離縁せられたる婦人もまたその中にありき。喪の間は火の気を絶やすことを忌むが所の風なれば、祖母と母との二人のみは、大なる囲炉裡の両側に坐り、母人は旁に炭籠を置き、をりをり炭を継ぎてありしに、ふと裏口の方より足音して来る者あるを見れば、亡くなりし老女なり。平生腰かがみて衣物の裾の引きずるを、三角に取り上げて前に縫ひつけてありしが、まざまざとその通りにて、縞目にも見覚えあり。あなやと思ふ間もなく、二人の女の坐れる炉の脇を通り行くとて、裾にて炭取りにさはりしに、丸き炭取りなればくるくるとまはりたり。母人は気丈の人なれば振り返りあとを見送りたれば、親縁の人々の打ち臥したる座敷の方へ近より行くと思ふほどに、かの狂女のけたたましき声にて、おばあさんが来たと叫びたり。その余の人々はこの声に睡を覚しただ打ち驚くばかりなりしといへり。(『物語』第二二話)

葬儀の前夜の話である。亡くなった曾祖母を棺に入れ、その夜、近親者が通夜を営んでいた。すると死んだはずの曾祖母が生前の見慣れた着物を着て、前裾も三角に縫いつけた姿で、囲炉裏で炭を継いでいた者の脇を通りかかる。すると丸い炭取りが裾に触れ、くるくると廻ったという。炭取りの回転はこのまぼろしとも思える者の実在を告知している。そして裾の三角形は当然、ここでは死の記号でもある。座敷の方にその者は入って行くと、そこで寝ていた娘が「おばあさんが来た」と叫ぶ。つまり、このタマシイはここで複数の目撃者に出会うことになる。タマシイの実在がこうして確信されたのである。生と死、現実と異界、日常性と非日常性がこの空間に凝結し、その境界が露わになる、そういう構造をこの語りは持っている。

もっともこのタマシイは、死霊で、遺体から抜け出したいわゆる遊離魂である。この話の続きが次の第二三話にあり、ここでも「門口(かどぐち)の石に腰掛けてあちらを向ける老女あり。そのうしろつき正しく亡くなりし人の通りなりき」と述べられている。この老婆がいかなる執着を持っていたかは物語は語らないけれども家を離れられない深い原因があったにちがいない。

『物語』第八六〜八八話は、いずれも死を前にして遊離魂が出歩くという話である。死に瀕している病人が「地固めの堂突(どうづき)」をしている村人の所に行って挨拶し、これを手伝う話（第八六話）、そして第八七話、第八八話は、まさに死を迎えようとしている病人が菩提寺や日頃親しくしていた寺の和尚に会いに行く話である。おそらく第八六話の「堂突」の人々は、各家々から出た「結い」で、病人はここへ行って共同体の責務を果たし、親しい近隣の人々に別れを告げたのである。その頃、病人は息を引き取っているから、このまぼろしは、まさに遊離魂そのものであった。また寺の和尚に会いに行った者も遊離魂にほかならなかったといってよい。しかも大勢の人にこの姿が目撃され、その存在が明らかになっている。

飯豊(いひで)の菊池松之丞といふ人傷寒を病み、たびたび息を引きつめし時、自分は田圃に出でて菩提寺なるキセイ院へ急ぎ行かんとす。足に少し力を入れたるに、はからず空中に飛び上がり、およそ人の頭ほどの所をしだいに前下りに行き、また少し力を入るれば昇ること始めのごとし。なんとも言はれず快し。寺の門に近づくに人群集せり。何ゆゑならんといぶかりつつ門を入れば、紅(くれなゐ)の芥子(けし)の花咲き満ち、見渡す限りも知らず。いよいよ心持よし。この花の間に亡くなりし父立てり。お前も来たのかといふ。これに何か返事をしながらなほ行くに、以前失ひたる男の子をりて、トッチヤお前も来たかといふ。お前はここにゐたのかと言ひつつ近よらんとすれば、今来てはいけないといふ。この時門の辺にて騒しくわが名をよぶ者ありて、うるさきことかぎりなけれど、よんどころなければ心も重くいやいやながら引き返したりと思へば正気付きたり。親族の者寄り集ひ水など打ちそそぎてよび生かしたるなり。(『物語』第九七話)

これまでに見てきた話は、タマシイがいかに実在するか、またそれを知覚できるかというところにモチーフがあった。というよりもそこから物語は始発していたのである。したがってタマシイの側から、あるいは、その内面について語られることはなかった。しかし、右にとりあげた第九七話は、タマシイの側からの経験が詳細に記述されている。

一口で言ってしまうと、この話は、菊池松之丞という人の臨死体験を描いている。彼は「傷寒」を病み、生死をさまよっていたのである。傷寒とは、今の急性熱性疾患の総称である。おそらく高熱と呼吸困難によって、失神状態になり、タマシイは松之丞の肉体から遊離して「あの世」を見てきたのであった。足に力を入れると空中に飛び上がり、人の頭上を飛んでいく。なんとも快い気分で寺に近づいていく。すると紅の芥子の花が一面に咲き、見渡す限り続いている。それを見ているといよいよ心地よい気分になってくる。このお花畑に先年亡くなった父親が立っている。そこから進むと、以前、早死にした息子が「トッチヤお前も来たか」と言った。息子に近づこうとすると「今来てはいけない」と拒否される。ここで松之丞のタマシイは、ある意味でこの息子のことばを契機にして死の世界から生の世界に回帰できたのである。門の傍らで自分を呼ぶ声をうるさいと思いながらいやいや戻って来ると、それは枕元で親族の呼ぶ声で、顔のあたりに水を打たれ、ようやく正気をとり戻したのであった。

これは、松之丞のタマシイの異界訪問の物語である。そういって悪ければ、彼は瀕死の瀬戸際にあってタマシイがあの世のイリュージョンを見たのである。最後に一つ、重要な点を指摘しておく。瀕死の病人の枕元で「魂呼ばい」が行われているが、その時、意識のない者の顔に「水」を掛ける習俗がこの地方にあったことである。世間一般に「末期（まつご）の水」というのがあるが、それとは少し違うようである。この「水」については再度、後で触れる。

三

『拾遺』第一五五話、第一五八話に次のような話が載っている。

先年佐々木君の友人の母が病気にかかった時、医師がモルヒネの量を誤って注射したため、十時間近い間仮死の状態でいた。午後の九時頃に息が絶えて、五体も冷たくなったが、翌日の明け方には呼吸を吹き返し、それが奇跡のようであった。その間のことをみずから語って言うには、自分は体がひどくだるくて、歩く我慢もなかったが、向こうに美しい処があるように思われたので、早くそこへ行きつきたいと思い、松並木の広い道を急いで歩いていた。すると後の方からお前たちの呼ぶ声がするので、なんたら心ない人たちだと思ったが、だんだん呼び声が近づいて、とうとう耳の側に来て呼ぶので仕方なしに戻って来た。引き返すのがたいへんいやな気持がしたと。その人は今では達者になっている。（『拾遺』第一五五話）

死の国へ行く途には、川を渡るのだといわれている。これが世間でいう三途(さんず)の河のことであるかどうかはわからぬが、いったんは死んだが、川に障(さ)えられて戻って来たという類の話がすくなかったようである。土淵村の瀬川繁治という若者は、急に腹痛を起こしてまぐれることがしばしばあったが、十年ほど前にもそんなふうになったことがあって、呼吸を吹き返した後に、ああおっかなかった。おれは今松原街道を急いで歩いて行って、立派な橋の上を通りかかったところが、唐鍬を持った小沼寅爺と駐在所の巡査とが二人でおれを遮って通さないので戻って来たと語ったそうである。この若者は今はすこぶる丈夫になっている。また佐々木君の曾祖父もある時にまぐれた。蘇生した後に語った話に、おれが今広い街道を歩いて行ったら大橋があって、その向こうに高い石垣を築いた立派な寺が見えた。その石垣の石の隙間隙間から、大勢の子供たちの顔が覗いていて、いっせいにおれの方を見たと。(『拾遺』第一五八話)

ここに挙げた二話もすでにとりあげた話と同じく、タマシイが死後の世界を往還する物語である。ところで、この死後の世界は、どのように描かれているだろうか。少なくともそこは嫌悪すべき、不快な世界ではない。『物語』第九七話には、「なんとも言はれず快し」と語られ、芥子の紅の花が咲いていると述べられている。おそらくこれは臨死体験によく出てくる「お花畑」のようなものであり、この世界の多幸性を表している。『拾遺』第一五五話にも「美しい処があるように思われ」と書かれる。また『物語』第九七話、『拾遺』第一五八話のあの世の中心は寺であった。引用しなかったが『拾遺』第一五七話では「竜宮のような綺麗な処」が出てくる。寺も竜宮も立派な建物の象徴であったろう。あるいはそれらは、生前、心のよすがとなるものであった。

そして、そこに行くには「川」を渡るか、橋を渡るかしなくてはならないが、結局、昔亡くなった息子や巡査や知人等に止められる。あるいは枕元の声に引き戻され嫌々ながら帰って来ることになる。おそらくここでは、「川」(水)は、この世とあの世の境界を表しているのである。その意味では「水」はここでは両義的存在である。「魂呼ばい」については前に触れたが、死と生のあわいにいる者の顔に水を掛け復活を願い、またこれが叶わぬ時は、「末期の水」となり、死者として送ることになる。

四

最後に、遠野の人々が死後の世界をどのように考えていたかを述べておこう。タマシイの冥府往還の話は、遠野に限ったことではなく全国的に見られる伝承である。もし、遠野地方の独自性を挙げるとすれば、たとえばすでにとりあげた『拾遺』第一五八話の後半部である。「佐々木君の曾祖父もある時にまぐれた。蘇生した後に語った話に、おれが今広い街道を歩いて行ったら大橋があって、その向こうに高い石垣を築いた立派な寺が見えた。その石垣の石の隙間隙間から、大勢の子供たちの顔が覗いていて、いっせいにおれの方を見た」と描写されているが、この「大勢の子供たちの顔」とは何であろうか。この部分を読んだときに、ぼくはアッと思った。この場面にある違和感、異様さを感じた。管見によればこの部分を解釈した注釈や論考はなさそうである。

おそらく、当時は現在のように幼児の生存率は高くなかった。幼くして亡くなる子供も少なくなかったのである。しかし、まだ出生した後に病死した子供はよい。東北の自然の厳しさはしばしば飢饉をもたらし、そのために堕胎や間引きが密かに行われてもいたのである。いわゆる「水子」である。

もう一つ同様な話を挙げる。ある女性が初産に臨んで産が重くて気を失った。身体から遊離したタマシイはどこかへ急いで行かなくてはと思い「どこかの道をさっさと歩いて行くと、自分は広い明るい座敷の中にはいっていた。早く次の間に通ろうと思って、襖(ふすま)を開けにかかると、部屋の中には数え切れぬほど大勢の幼児が自分を取り巻いていて、行く手を塞いで通さない。しかし後に戻ろうとする時は、その児らもさっと両側に分かれて路を開けてくれる。こんなことを幾度か繰り返しているうちに、誰かが遠くから自分を呼んでいる声が微かに聞こえたので、いやいや後戻りをした。そうして気がついてみると、自分は近所の人に抱きかかえられており、皆は大騒ぎの最中であった」(『拾遺』第一五九話)というものである。

これも「水子」の霊たちが、この難産の女性を救った話といってよい。幼くして子供を死亡させてしまったこと、あるいは生まれずに「水子」として葬ったことが、いかに遠野の人々の実人生に暗い影を落としていたかがわかる。自分たちが抱えこめなくなった現実は、あの世にそれを託さざるを得なかったのである。ここではあの世が深い罪悪感に満ちているかに見える。

このように現実社会が「あの世」の世界観に深い影響を与えていることは注意してよいだろう。すでにとりあげた『拾遺』第一五八話にはこんな描写がある。「おれは今松原街道を急いで歩いて行って、立派な橋の上を通りかかったところが、唐鍬を持った小沼寅爺と駐在所の巡査とが二人でおれを遮って通さないので戻って来た」という記述である。「松原街道」という現実世界があの世に通じており、生前、見知っていた小沼寅爺や駐在所の巡査がそこにいたのである。

つまり、遠野の人々には、この世とあの世は隔絶した世界ではなく、いわば連続するものとして意識されている。あの世は、この世の延長線上にあり、この世もまたあの世に隣接しているといってよい。そして、そこではあの世は、遠い存在ではなくてごく親しい処であった。あるいはこう言い換えてもよい。『物語』というテキストは、日常の中に絶えずあの世（非日常）があって、それらが絶えず滲みだしてくると。

死霊祭のクッと「二河白道」

日向　一雅

三十年も前のことになるが、崔吉城先生の案内で韓国のクッを見に行ったことがある。ソウルの北、三十八度線の近くの紺岳山の麓の村はずれ、「シンアムリカマクサン　クッダン」と札の立てられた場所であった。韓国、日本の友人たちも一緒で総勢六、七人の一行であった。この時のことは崔先生が「シャーマン・神山探訪」というエッセイに書いている（『季刊アジアフォーラム』64号、一九九二年）。

その場所は文字通りムーダンの祭祀の聖地であって、庭には虎を従えた山神を祀る祭壇があり、建物の中にはムーダンの神々の絵が壁に掛けられ、その前の祭壇には二体の仏像に似た神像と虎に腰掛ける山神像、さまざまな祭具が飾られていた。その前で祈願者の願いに応じるクッが行われるのである。このとき見たのは、豚を一匹丸ごと串刺しにして犠牲として祈願を占う祭儀と、ムーダンが刀の上に素足で載って踊る巫儀であった。これらがどのような祈願に対する巫儀であったか忘れたが、韓国の異文化に接した印象が強烈であった。

死霊祭は実際に見てみたいと思いながら結局叶わず、その様子を知るには金秀男『韓国のクッ』（悦話堂、一九八五年）という写真集二十巻が役に立った。死霊祭のクッは研究され尽くしている分野のようであるが、その祭儀の過程には「二河白道」と関わる部分があるのではないかということがずっと気になっている。そのことは「浄土教文化の日韓比較―『観無量寿経』の図像学的展開をたどる―」（崔吉城・日向共編『神話・宗教・巫俗』風響社、二〇〇〇年）で検討したことがあるが、要点は死霊をあの世に送る時に白布を張りわたして、死霊を髪に挿したムーダンが白布を裂いて行く、または白布の上に死霊を納めた神籠を載せてあの世に送るという儀式が、たとえば当麻寺の迎講や富山県立山の秋の彼岸の布橋勧請の浄土入りに似ているのではないかと考えたのである。死霊祭の白布は「道」「橋」「魂道」「仏事橋」などと呼ばれる。この白布は善導『観無量寿経疏』の「二河」に掛かる「白道」を渡って彼岸に至る、あるいは『大般涅槃経』

「光明遍照高貴徳王菩薩品」の草筏で渡河して彼岸に往生するという比喩によく似ているからである。

1991 年 12 月 24 日現地撮影・筆者（山神の祭壇）

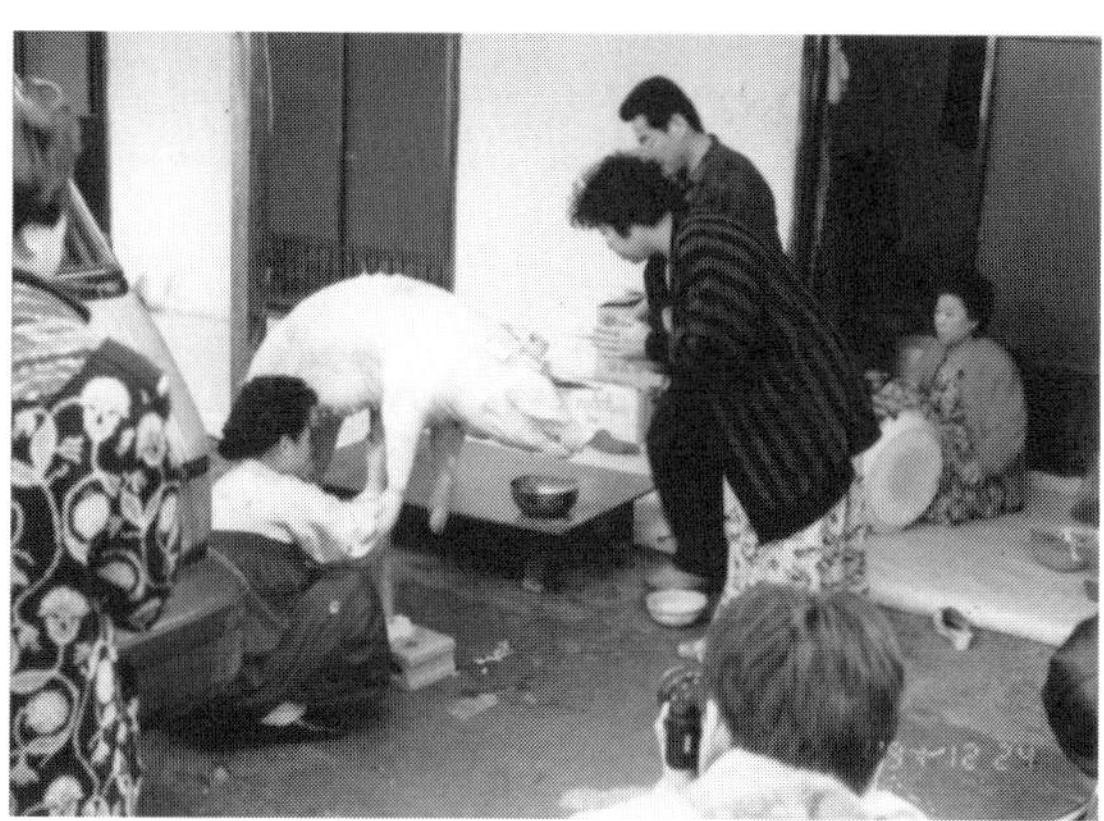

同上（豚の犠牲のクッ）

『遠野物語』と「水の女」

はじめに

『物語』および『拾遺』を読んでいると、水にまつわる女の死について語られた話が多い。ふと気づいたのであるが、じつは『播磨国風土記』もまた女の水死に関係する話が目立つ。勿論、これは偶然であることはわかっている。一方は高々、江戸期から明治期に民間において語られた話であり、他方は奈良期に成立した国家的な事業として編纂されたテキストの内で記された話である。また前者が東北・岩手の遠野地域の伝承であるのに対して、後者は播磨国（ほぼ今の兵庫県）の話であり、時もところも遠く隔たっている。それにもかかわらずこの二者は、その話の内容がじつによく似ている。たとえば人身御供(ひとみごくう)の話がどちらにもいくつも載せられている。わたしは「人身御供」という習俗が日本の古代に実際あったとは認めない立場に立つけれども、そうした説話がその時代の基層の文化によって紡ぎ出されたことは認めてよいと考えている。

すると、いったいこの酷似は何を意味するのであろうか。もしかするとこの二者を比較することにおいて、それぞれの伝承の意味の深層が明らかになってくるかもしれない。古代に語られた幻想と、あるいは遠野において語られた伝承は、どこかで通底する日本固有の世界がそこにあるかもしれない。小論はそのような視座から書かれたものである。

一　連れ去られる女

『拾遺』第三四話に次のような話が載っている。

遠野郷の内ではないが、閉伊川の流域に腹帯ノ淵という淵がある。昔、この淵の近所のある家で一時に三人もの急病人ができた。するとどこかから一人の老婆が来て、この家には病人があるが、それは二、三日前に庭前で小蛇を殺したゆえだと言った。家人も思い当たることがあるので、詳しく訳をきくと、実はその小蛇は、淵の主がこの家の三番目娘を嫁に欲しくて遣わした使者であるから、その娘はどうしても水の物に取られると言う。娘はこれを聞くと驚いて病気になったが、不思議なことに、家族の者はそれと同時に三人とも病気が癒った。娘の方は約束事であったと見えて、医者の薬も効き目がなく、とうとう死んでしまった。家の人達は、どうせ淵の主のところへ嫁に行くものならばと言って、夜のうちに娘の死骸をひそかに淵の傍に埋め、偽の棺で葬式を済ました。そうして一日置いて行ってみると、もう娘の屍はそこに見えなかった。その事があってからは、この娘の死んだ日には、たとえ三粒でも雨が降ると伝えられ、村の者も遠慮して、この日は子供にも水浴びなどをさせぬという。なお、この娘が嫁に行ったのは、腹帯ノ淵の三代目の主のところで、二代目の主には、甲子(かっし)村のコガヨとかいう家の娘が嫁いだのだそうな。

若い娘が水生のモノに取られる話である。ここで注意しておかなければならないのは、娘が淵の主に見初められるのは、偶然ではないということである。娘が嫁ぐことは宿命的にあらかじめ決められていたと伝承はいう。もう一つ、重要なことは、それを告げ知らせたのが正体不明の「どこかから一人の老婆」で、『物語』は語らないけれどもこの不思議な老婆によって明らかにされたことである。この場面は、じつはもっとも重要な箇所である。この点については後に触れるが、なぜ突然家族に襲った病魔をこの「老婆」は解き明かしたのだろうか。否、この老婆は何者なのであろうか。

また「淵」は『物語』や『拾遺』の大切な舞台で、この両書には十数例が検出できる。『物語』第五四話の冒頭には「閉伊川の流れには淵多く恐ろしき伝説少なからず」と書かれているが、まさにそこには「淵の主」(水神や魔性のモノ)が棲んでいたのである。つまり娘はこの世の者ではなく異界のモノに嫁いだことになる。

このように読んでくると、この伝承は、まさに古代以来の「異類婚説話」の変奏曲ではなかろうか。人間と異界のモノとの結婚によって、世界はどのように変容するのであろうか。象徴的なのは、「この娘の死んだ日には、たとえ三粒でも雨が降る」のであった。つまり、この淵の主は、具体的には何も書かれていないけれども水神の面影を持っているように見える。旱魃に慈雨を降らせる、そういう一面があったのである。『拾遺』第三四話に続く第三五話に「遠野の町の愛宕山の下に、卯子酉(うねどり)様の祠がある。その傍の小池には片葉の蘆を生ずる。昔はここが大きな淵であって、その淵の主に願をかけると、不思議に男女の縁が結ばれた。また信心の者には、時々淵の主が姿を見せたともいっている」という記述がある。表層的には恋愛成就のカミということであろう。しかし、もっと深く読めば男女の結びつきによる豊饒性がここにはある。水の豊饒性と男女の営みの豊饒性がここではダブル・イメージをもって語られている。このように読めば、「腹帯の淵」という呼称は、どこから来ているか、もはや明瞭であろう。（ただし「腹帯の淵」は『物語』第二七話では「原台の淵」とあり、「腹帯」をハラタイと読むことは明らかである。よってこの淵の名前自身に腹帯（はらおび）の意はない）。

最後に老婆が何者であるか、という問題が残った。これについてはもう少し先で考えてみよう。

『播磨国風土記』の加古郡に「比礼墓（ひれはか）」の地名起源伝承がある。長い物語なのでその概略を挙げる。

昔、大帯日子命（おおたらしひこのみこと）（景行天皇）が印南（いなみ）の別嬢（わきいらつめ）に求婚なさるためにやって来た。これを知って別嬢は南毗都麻（なびつま）の嶋に隠れた。やがて二人は結婚し、宮殿を造り幸せな新婚生活を営んだ。何年か経って別嬢はこの宮で亡くなられた。別嬢の遺骸をささげ持って印南川（いなみがわ）（加古川）を渡る時、大きなつむじ風が川下から近づいて来て、その遺骸を川の中に巻き込んでしまった。懸命に捜索したが見つけることができなかった。ただ別嬢の匣（くしげ）と褶（ひれ）とが見つかった。そこでこの二つの形見を遺骸の代わりにして墓に葬った。そこで「褶墓（ひれはか）」というのである。その時、天皇（景行天皇）は、別嬢を慕い悲しんで神に誓いを立てて「わたしは今後、この川のものは決して口にしないだろう」と言われた。このような訳で、その川の鮎は御食料に進上しないのである。

印南の別嬢は景行天皇の后で、かのヤマトタケルの母でもある。物語を時系列で整理すると、大帯日子命（景行天皇）の印南の別嬢への求婚、幸福な結婚生活、そして別嬢の突然の死による別れ、川における遺骸の消失、といった内容になる。物語を表層的に読めば、二人の恋愛譚と以後に起こった悲劇的な物語であるように見える。しかし、見方を変えて言うと、別嬢はなぜ薨去したのか、テキストはこの突然の死について何も具体的には語っていない。その悲劇的な死から葬儀の場面において、その遺体が川に沈んだままついに見つからなかったのはなぜなのか。この謎についてもテキストは何も語ろうとしない。そして天皇がこの川のものを口にしないのは、物語の上では、別嬢への深い思慕のためであったと語られているけれども、ただそれだけであろうか。

以上の謎を考える時、『拾遺』第三四話は、深い意味を我々に提示しているように思う。印南の別嬢の出自は、『古事記』によれば「吉備臣等の祖、若建吉備津日子の女」ということになっている。吉備国は播磨国の隣りであるから、あるいはその一族の一部が播磨国・賀古郡に居住していたとしても不思議ではない。もしかすると印南の別嬢は、一族の巫女的な存在で、加古川の水神を祭祀していた可能性がある。とすればこの物語は、巫女である別嬢と水神の深い結びつきの間に景行天皇が割り込んできたことになる。たとえばヤマタノヲロチとクシナダヒメの間にスサノヲが割り込んできたように。あるいはサホヒコとサホヒメの間にあったヲナリ信仰の中に垂仁天皇が割り込んできたようにである。

このように考えると、別嬢の突然の死も、また加古川の水中に遺骸が引きこまれるのもよく理解できる。『拾遺』第三四話の娘が突然亡くなるのも、埋めたはずの遺骸が消失するのもまったく同じではないか。折口信夫のことばを借りて言えば、遠野の娘も別嬢も「水の女」ということになる。ヤマトタケルは母親を水神に取られ、また妻であったオトタチバナヒメを走水の「渡(わたり)の神」（水神）に取られている。因果はめぐるということか。

おそらく加古川の水の祭祀は、女たちの大切な役割であったろう。『拾遺』第三四話に登場する「老婆」は、やって来てこの家に病気の者がいることを言い当てる。また二、三日前に小蛇を殺したことを告知する。とすると、託宣するこの老婆はただ者ではない。老婆は腹帯の淵の聖水を祭祀する者であったと思う。そのように読み解けば、この話もまた水に関わる巫女の話であり、当然、淵の主に取られた娘もまた老婆のように聖水を管掌する運命を持っていたのである。

二　人身御供の話

すでに述べたように「人身御供」という習俗が日本の歴史上にあったとは考えない立場にわたしは立つが、今、神話や説話ではそのようには語られていない。ここではこの人身御供の問題をとりあげたい。ただこのような習俗が我が国にあったか無かったかという問題はここではとりあげない。すでに前章であつかった「連れ去られる女」の話に対して、人身御供譚は「捧げられた女」の話ということになる。ちょうどこの二つは、合わせ鏡のような関係になるだろう。

『拾遺』第二八話の母也堂(ぼなりどう)の由来譚をとりあげる。比較的長い物語であるため、その概略を述べ、重要な部分は本文を引用することにする。

松崎村の字矢崎に母也堂という小さな祠がある。昔、綾織村に巫女があった。一人娘に婿をとったが気にいらず、さりとて夫婦仲がよかったので、何とかしたいと思っていた。時に、猿ケ石川から引いた用水の取入れ口が、毎年、三、四間ほど崩れるので、村人は困って巫女に伺いを立てた。巫女は、明後日の夜明け頃に「白い衣物を着て白い馬に乗って通る者があるべから、その人をつかまえて堰口に沈め、堰の主になってもらうより他にはしようもないと教えてくれた」。巫女の方は、気に入らぬ婿に白衣を着せ、白馬に乗せ、隣村へ使いに出した。そこを通りかかると村人はこの婿をつかまえて「堰の主になってくれと頼んだ」。「神の御告げならばと婿は快く承知したが、昔から人身御供は男蝶女蝶の揃うべきものであるから、私の妻も一緒に沈もう」と言って夫婦一緒に水中に沈んだ。こうして幾百年も安全な堰が築かれたという。そこで村人は夫婦を堰神様として祀った。母の巫女は、自分の思惑とくいちがい、悲しみのあまりその処で入水してしまった。母也明神とはこの母巫女の霊を祀った祠をいう。

巫女の娘に婿を取ったが気に入らず、その者をなきものにしようとする個人的な憎悪が松崎村という共同体の堰を完成させ、村人を救うことになった。巫女の娘夫婦はそのために水神の人身御供として犠牲になり、母巫女は思惑がはずれたことを、つまり娘までも無くしたことに絶望し、自らも同じ場所から身を投げるのである。

この悲劇が事実であるとか虚構であるとかは、今、問題にしない。実際にこの場を尋ねてみると、昔は川辺にあったらしいが、現在は小高い山の中腹に母也堂があるのは事実である。『注釈 遠野物語拾遺』上巻（遠野物語研究所、二〇一一年一月）によると、今でも旧暦三月の壬辰の日に祭祀が行われているという。

すると、この縁起譚がこの共同体において伝承のレベルを超えて生きていることになる。伝承地を猿ケ石川の流れと見ると、松崎村はまさに豊かな田地が開かれている処である。重要なのは、そうした村落が抱える幻想がいかに重要であったかということである。堰を作るのは村人たちであった。そこには稚拙な土木工事の知識と技術しかなかったのであれば、なおのこと堰の完成は緊急で必要不可欠なもので、時に神仏の加護にも頼ったであろう。松崎村には水と女の関わりが多いこと（『拾遺』第二五・二六話）から考えて、おそらくこのような伝承を流布させ、人々に伝えたのは、巫女であったにちがいない。この村にはそうした水の祭祀に関わる巫女の活動があったように見える。

もう一つ『拾遺』第二六話の話を挙げておく。

これも松崎村の橋場あたりであったかに、徳弥（とくや）という馬喰渡世（ばくろうとせい）の者が住んでいた。ある年洪水があって川の水が登戸（のぼと）の家まで突きかけて来るので、徳弥は外へ出て、川の主、川の主、娘をやるから水を脇の方へ退（の）けさせてくれと言った。そうすると水はすぐに別の方向に廻ってしまった。こうは言ったものの愛娘を殺したくはないので苦労していると、そこへちょうど母と子と二人づれの乞食が来た。娘の年をきくと十八で、自分の娘と同じであった。事情を打ち明けて身代わりになってくれぬかと頼むと、乞食親子はその頼みを承知した。その夜は村の人が多勢集まって来て、親子のために大振舞をして、翌日はいよいよ人々に送られて、前の薬研淵という淵に入った。母親が先にはいって、水の中から娘の手を取って引いた。娘はなかなか沈まなかったが、しまいには沈んでいって見えなくなった。その娘のたたりで後々までも、この徳弥の家では女の子は十八までしか育たなかったそうである。

この話も松崎村の水と女の関わりを述べた伝承である。話の前段を読む限りは、ここにあるのは徳弥と川の主の個人的な契約のように見える。自分の家の問題であり、川の主に娘を捧げるということである。ところが後段では、「村の人が多勢集まって来て、親子のために大振舞をして」と書かれ、また「いよいよ人々に送られて」とあり、この事件が村全体の、共同体の問題になっていることがわかる。

継いで『播磨国風土記』の説話に話を移す。揖保郡・宇須伎津の話である。

> 右、宇須伎と名づくる所以は、大帯日売の命、韓国を平けむとして度り行きたまひし時に、御船宇頭川の泊に宿てましき。この泊より伊都に度り行きたまひし時に、忽ちに逆風に遭ひ、進行すこと得ずて、船越ゆ御船を越すに、御船、猶ほしまた進むこと得ざりき。すなはち、百姓を追ひ発して御船を引かしめたまふ。ここに、一女あり。己が真子を資け上げむとして江に堕ちき。故れ、宇須伎と号く。〈新の辞は伊波須久。〉

この話は、神功皇后（大帯日売の命）が韓国を攻めるため途中船宿りをした時に起こった悲劇を述べている。宇頭川の河口に停泊した御船が、翌日、逆風のために進むことができなかったという。そこで、御船を船越させて（船を陸路で運び）迂回させたけれども、やはり船出ができなかったというのである。そこで近辺の村人たちを徴発追加して、御船を引かせた。その時、村人の中の一人の女が作業中に海中に落ちた（あるいは落とされた）我が子を助け上げようとしてその入江に落ちてしまったという。そこでこの入江をウスキというのである。今のことばでイハスクという。

話の内容とも関わるのだが、地名起源説話としてはわかりづらいところがる。ウスキがなぜイハスクになるのかはっきりしない。多くの説は、ウスキをウススキととり「驚きあわてる」の意にとっている。つまり、子供を海中から助けだそうとして、母親がおろおろあわてるさまから生まれた地名であるととる。また、ウスキをウス（失す）ととり、母子が消え失せるととる説もある。いずれにしても内容の「一女人あり、己が真子を資け上げむとして江に堕ちき」をどう解釈するかという問題である。具体的に言えば、母親が誤って子供を落としたのか、子供自身が堕ちたのか、それとも作業中の村の人々によってこの母子は沈められたのかで、この話は大きく変わるであろう。

もし、故意によってこの親子が沈められたのであれば、二人は、航行を不能にしている河口の神に捧げられた犠牲者ということになる。子供の性別は書かれていないけれども、神に捧げられたのであれば、当然、女の子ということになる。村人はここにそのような恐ろしい神がいることを知っていたことになる。とすればこの悲劇の背後には村という共同体の強い意志が感じられる。あえて水神に捧げたとは言わず、「堕ちた」と表現しているところに共同体のどす黒い意志が働いている。

もう一つ同じような話を引く。賀毛郡・条布（すふ）の里の話。

> 条布の里。条布と号くる所以は、この村に井在り。一女、水を汲むに、すなはち吸はれて没みき。故れ、条布と曰号づく。

じつに短い話である。そのためにこの話の情況もよくわからない。一人の女が水を汲みに行って井に吸われて沈んだという。そのようなことが起こり得るだろうか。またこの女はどのような人であろうか。少なくとも一人の女の悲劇が井泉の名称になったのは異常である。ただこの事件について、次のようなことは確実に言えるだろう。

条布の井というトポスが、広い里の名称になっていることで、この里にあって、いかに重要な井泉であったかということである。つまり、この井泉はこの里の中心であり、この共同体にとっては聖なる井泉であったということである。

とすれば、その事情はわからないけれども、この井に吸いこまれた女は、少なくともこの井泉を管掌していた共同体の巫女ではないか。ここまでしか想像し得ないが、もしかするとこの女も井泉の神に捧げられたのではないか。

三　異界の女たち

水に沈められた、あるいは自ら川や淵に身を投じた女性たちはそれからどうなったのであろうか。

『物語』第五四話には次のような話が載っている。

閉伊川の流れには淵多く恐ろしき伝説少なからず。小国川との落合に近き所に、川井といふ村あり。その村の長者の奉公人、ある淵の上なる山にて樹を伐るとて、斧を水中に取り落としたり。主人の物なれば淵に入りてこれを探りしに、水の底に入るままに物音聞こゆ。これを求めて行くに岩の陰に家あり。奥の方に美しき娘機を織りてゐたり。そのハタシに彼の斧は立てかけてありたり。これを返したまはらんといふ時、振り返りたる女の顔を見れば、二、三年前に身まかりたるわが主人の娘なり。斧は返すべければわれがここにあることを人に言ふな。その礼としてはその方身上良くなり、奉公をせずともすむやうにしてやらんと言ひたり。（後略）

後段は省略したが、簡単に述べておくと、やがて男は博打で大儲けをして奉公を辞め、羽振りがよくなった。ある日、娘との約束を忘れ、伴える者とこの淵のあたりを通りかかった時にかつての出来事を話してしまう。その頃からこの男の家産も傾き、昔の主人のもとで再び奉公をしていた。娘の噂が近郷の人の口に上った。主人は熱湯を多量に運び、この淵に注ぎこんだが何の効もなかったという。

二、三年前に亡くなった主人の娘に水中で出会うという話である。機を織る行為は、古代以来、神に仕える巫女の大切な仕事であった。娘は死後、この淵の主（神）に仕える身になったことをこれは暗示している。別な言い方をすると、死は、確かに一つの終わりではあるが、異界のどこかでその者は生きている、そういう幻想が「水の女」を作り出すのであろう。いわば遠野世界は、異界と現実が隣りあっていると考えるのである。それは、遠野の優しさでもあったが、娘の親が多量の熱湯を淵に注ぎこんだのは、淵にいる娘を多くの村人が噂しあったからにほかならない。共同体からはみ出してしまった娘への悲しい制裁でもあったのである。

もう一つ『拾遺』第二一話を引く。

（前略）その長谷に曲栃という家があり、その家の後に滝明神という祠があって、その境内に昔大きな栃の木があった。ある時大槌浜の人たちが船にしようと思って、この木を所望して伐りにかかったが、いくら伐っても翌日行って見ると、切り屑が元木についていてどうしても伐り倒すことはできなかった。皆が困りきっているところへ、ちょうど来合わせた旅の乞食があった。そういうことはよく古木にはあるものだが、それは焼き伐りにすれば難なく伐り倒すことができるものだと教えてくれた。それでようやくのことでこの栃の木を伐り倒して、金沢川に流し下すと、流れて川下の壺桐の淵まで行って倒さに落ち沈んで再び浮かび揚がらず、そのままその淵のぬしになってしまったそうな。この曲栃の家には美しい一人の娘があった。いつも夕方になると家の後の大栃の樹の下に行き、幹にもたれて居り居りしたものであったが、その木が大槌の人に買われてゆくということを聞いてから、斫らせたくないといって毎日毎夜泣いていた。それがとうとう金沢川へ、伐って流し下すのを見ると、気狂いのようになって泣きながらその木の後についてゆき、いきなり壺桐の淵に飛び込んで沈んでいる木に抱きついて死んでしまった。そうして娘の亡骸はついに浮かび出でなかった。天気のよい日には今でも水の底に、羽の生えたような大木の姿が見えるということである。

樹木と淵と女の物語である。この栃の古木はあたかも霊を持っているように描かれている。娘もまた栃の樹を人格化して深く心を寄せている。つまり、これは樹木と娘の恋愛譚だといってもよい。そのように見れば、ある種の異類婚姻譚の一つである。別な言い方をすれば娘は栃の樹の霊を祭祀する巫女的な存在であった。栃の樹は淵に沈んでそこの主となり、後を追って淵に身を沈めた娘は、この主の妻となったのである。娘の遺骸が揚がらなかったのはこのことを暗示しているであろう。淵を通して娘は現実から異界へおもむいたのであった。

話を『播磨国風土記』に移す。飾磨郡・美濃の里に次のような短い挿話がある。

> 継の潮と称ふ所以は、昔、この国に死れる女ありき。その時、筑紫の国火の君等の祖、〈名を知らず〉到り来れば、復生ぎき。すなはち取ひき。故れ、継の潮と号く。

この話も情況はわからない。なぜ死んだのかもはっきりしない。ただツギノミナトの命名がこの女の死と深く関わっていることは確かである。すると海への入水か、あるいは犠牲として海中に捧げられたのかのどちらかであろう。ただ、自ら死を選んだのであれば、ミナトに名前が付くほどの事件性はない。やはり、犠牲になって死んだ一人の女を、たまたまここにやって来た筑紫の国火の君が助け出し、女は息を吹き返したというのであろう。もしそうであればこの事件は大きな衝撃をこの地にもたらしたはずである。

ところでこの火の君については興味深い話が残っている。『日本霊異記』下巻・第三五縁に「官の勢を仮りて、非理に政を為し、悪報を得し縁」という話である。概略、その内容を示す。

光仁天皇の御代に九州・肥前国、松浦郡の人、火の君が突然死んで、閻魔王宮に行った。その時、閻魔大王が調べてみると、火の君は死ぬ時期が合っていないので、一度死んだものの無理にこの世に送り返した。火の君が帰りがけに見ると、大海に釜のような地獄があった。釜の中の熱湯に黒い切り株のようなものが浮きつ沈みつしている。その切り株が浮いてきた時、「待ってください。話したいことがあります」という声がした。「わたしは遠江国・榛原郡の物部古丸です。わたしは生前、公民の物を無理に徴収しました。その罪でこのような苦しみを受けています。どうかわたしのために「法華経」を書写してください」と訴えた。火の君は冥土から帰って、このことを大宰府に報告した。これを大宰府では朝廷に送ったが、役人はその報告書をそのまま積み残し二十年が経過した。菅野真道が新しく役人に就任し、この書状を見て、桓武天皇に奏上した。天皇は僧都を招き、「二十年過ぎれば罪は許されるものなのかどうか」と問われた。僧都は「二十年はまだ苦の受け始めです」と答えた。天皇は遠江国に使者を送り、古丸の行状を調べさせた。そして報告書の通りなので、天皇は悲しまれ、延暦十五年三月七日にはじめて写経師四人を召して古丸のために「法華経」を写経させたという。

火の君の冥府訪問譚である。あるいは蘇生譚といってもよい。『日本霊異記』は、わが国の最初の仏教説話集であるが、この話も一応仏教、特に「法華経」の功徳を語ることをテーマとしているように見える。しかし、それを剥ぎ取ってしまうと、火の君の蘇生という一つの死生観が見えてくる。火の君は、いわゆる装飾古墳を築造した氏族で、死後の世界に対する独特の死生観を持っていた。

このように読み解くと、『播磨国風土記』の火の君が女を呪術によって蘇生させたと推測できよう。その不思議さが事件として記憶され、地名となったと思われる。

終わりに

『播磨国風土記』の特色の一つは、多くの人々の移動、移住が繰り返し描かれていることである。古代の播磨世界は、いわばこのような人々の流動的な動きによってかなり活発な社会活動が展開されていた。しかし、当然そこには別の問題も浮上してくる。各地の小さな従来の共同体をいかに維持、存続させていくかという問題である。共同体を守ろうとすることは、流動的な社会と対峙することでもある。

かれらは共同体を守るために、その中心にある井泉に象徴的な意味を見出したのであった。古代にあっては井泉を祭祀するのは女性、巫女であったがために、右に見てきたような犠牲による悲劇が起こったのである。これは共同体を守るためにはどうしても必要な代償であったろう。

これに対して『物語』の井泉は、現実と異界の接点にあった。「水」がこの異なる世界を繋ぐものであり、井泉はそのチャンネルであり、トポスであった。遠野世界は、他の東北世界と同じく、現実のすぐ隣りに異界があると考えられていた。遠野では水を信仰の対象とする多くの巫女が活躍していた。彼女たちの言説がムラに生き続けることによって異界が日常世界に生き生きと滲みだしてきたのである。

Ⅲ 異界と交易

『遠野物語』の鮭と狼、色々の鳥

一

『物語』および『拾遺』に現れる動物の中で、魚類の鮭と獣の狼は、特異な位置を占めている。ただし、鮭は『拾遺』にだけ登場するが、全部で五話収録されている。これに対して『狼』（御犬）は、『物語』に七話、『拾遺』に五話収載されている。

まず「鮭」からはじめよう。

五年ほど前、他の調査で、福岡県の遠賀川（おんがかわ）流域を遡ったことがあった。車で通りかかったとき、偶然に「鮭神社」の看板を見た。好奇心から狭い路地の坂道を山側に上っていった。すると小さな神社がひっそりと建っている。案内板があって鮭が遠賀川を遡り、神社脇のこの小さな流れまでやって来たと説明にある。旅の途次、その真偽を確かめることはできなかったが、西国の九州まで鮭が来るとは到底考えられなかった。おそらく鮭を捕ることを生業とした人々が何かの都合でこの地に移動してきたことがあり、その記憶と信仰が伝承というかたちで残ったものとその時は想像した。それはそのまま封印されていつの間にか忘却の彼方へいってしまっていた。このたび、『物語』と『拾遺』の「鮭」を考えることになってさまざまな鮭関係の論考を読んだ。その中にこの鮭神社に触れた一冊を発見した。『嘉穂町誌』より抜粋された「福岡県鮭神社」関係の記録である。それによると嘉穂町大字隈字藤木（現在は嘉麻市大隈五四二番地）に鮭神社があり、祭神は彦火火出見尊、鵜葺草不合尊、豊玉姫尊の三柱となっている。そして草不合尊のもとに遣わされて鮭が上ってくるというのである。また「献鮭祭」について「昭和五十三年、遠賀川の下流、水巻町の伊佐座取水場（河口から約七キロメートル前）でサケがとれ、それがちょうど十二月十三日で、上大隈、鮭神社の〈献鮭祭〉の日であったため「鮭のお使い」の伝説が実証されたと、神社側の熱狂ぶりが大々的に報道されたことがある。（五十七年も捕獲）」と述べられている[1]。

こうしてわたしの想像力はみごとに打ち砕かれたのであった。古代以来、日本列島には多くの地域に鮭が遡上して来ていたことをまず認識しなければならない。日本海側は勿論、太平洋側においても、文献上で確かめられるもっとも古い記録である『常陸国風土記』に鮭の遡上が記述されている。

> 倭武の天皇、此に至りたまひし時に、皇后、参り遇ひたまふ。因りて名とす。国の宰久米の大夫の時に至り、河に鮭を取るが為に、改めて助川と名づく。〈俗の語に、鮭の祖を謂ひて、須介と為す。〉（久慈郡）

この記録から古くはこの地方では鮭をスケといったことがわかる。『風土記』にはこの他、『出雲国風土記』の出雲郡と神門郡に記載がある。このように鮭漁やこれを食す習慣は広く東国、西国にまで広がっていた。ついでに述べておくと、中山太郎は「気多神考」という論考で、ロシアから日本を訪れ民俗の調査、研究にたずさわった学者、ニコライ・ネフスキーの言として「気多神社」のケタはロシア語では「鮭」の義であると述べている(2)。もしそうであれば、ケタという名を負う神社、地名から広範な鮭の分布圏が見えてくる。

もう一つ大事なことは、鮭について書かれた論を読んでいると、古代人は鮭の〈母川回帰〉性を知らなかったので、時節になると違わずに川を遡上してくる鮭に、不思議な、そして霊的なものを見ていたという解釈によく出会う。一見正しいきわめて論理的な論法のように見える。しかし、話は逆ではないだろうか。むしろ鮭が遡上し、交配、産卵した後、稚魚が生まれ、やがてそれは、河口へ、そして海へと下っていく習性を、古代人は経験と観察から熟知していたにちがいない。古代人を侮るようなこの論法ではなく、季節毎に決まって遡上してくる鮭に神秘的な、神聖さを感じ、そこからこの魚に対する信仰が生まれ、また多くの説話が生成されたと考えた方がよい。

すこし長い話であるが全文を引用する。

遠野の町に宮という家がある。土地で最も古い家だと伝えられている。この家の元祖は今の気仙口を越えて、鮭(さけ)に乗ってはいって来たそうだが、その当時はまだ遠野郷は一円に広い湖水であったという。その鮭に乗って来た人は、今の物見山の岡続き、鶯崎(うぐいすざき)という山端(やまばた)に住んでいたと聞いて

> いる。その頃はこの鶯崎に二戸愛宕山に一戸、その他若干の穴居の人がいたばかりであったともいっている。この宮氏の元祖という人はある日山に猟に行ったところが、鹿の毛皮を著ているのを見て、大鷲(おおわし)がその襟首(えりくび)をつかんで、攫(さら)って空高く飛び揚がり、はるか南の国のとある川岸の大木の枝に羽を休めた。その隙に短刀をもって鷲を刺し殺し、鷲もろとも岩の上に落ちたが、そこは絶壁であってどうすることもできないので、下著の級布(まだぬの)を脱いで細く引き裂き、これに鷲の羽をない合わせて一筋の綱を作り、それに伝わって水際まで下りて行った。ところが流れが激しくてなんとしても渡ることができずにいると、折よく一群の鮭が上って来たので、その鮭の背に乗って川を渡り、ようやく家に帰ることができたと伝えられる。(『拾遺』第一三八話)

一応、遠野の始原を語った話であることは確かである。しかし三浦佑之が言うようにこの話が〈神話〉であると断定することは控えたいと思う(3)。まずその部分は後回しにして、鷲にさらわれた男と鮭の関わりを見ておきたい。これは、東大寺の僧・良弁が幼い頃に鷲にさらわれたという『東大寺要録(とうだいじようろく)』巻一に載せられている話と同型である。あるいは、『日本霊異記』上巻第九縁の鷲にさらわれた女児の話と同型であろう。すると話の後半部の鮭に助けられたという部分がこの話の中心的主題であるといってよい。ところがよく読んでみると、平仄の合わない点がある。男は南の国に連れていかれ、(これがどこかはわからない)激しい川の流れを遡上してきた鮭の背に乗り、帰ってくることができたという。もしそうなら川上まで鮭の背に乗り、後は陸路ということになる。あるいはどこかの港から船で気仙口あたりまで帰ったということになる。なぜなら鮭の川の遡上は、その死を意味するからである。交配し、産卵することで鮭の一生は終わるのである。

しかし、このような理屈をこねてはこの話の感動はほとんど失われてしまうだろう。やはり男は海を渡り、故郷の河川を鮭の背に乗って遡上、帰還したのであろう。そのように幻想しなければならない。話は、いわば鮭の帰巣本能によって、この男が身にまとった住み慣れた匂いに自分が帰る川のそれと同じものを嗅ぎとったのである。そういう奇蹟、神秘が〈母川回帰〉という鮭の力によって説話化されたのである。

喜善の『聴耳草紙』（一九三一年）には「鮭」の話が三話収録されている。[4] その中で「九九　鮭魚のとおてむ」という話は、右に掲げた話とほとんど同工異曲である。

…その中に一段と大きな鮭が悠々と岩の岸を通って行くから、その人は思わずこの大鮭の背に跨がった。そしてやっとのことで陸に近づき上陸をして四辺を見れば、そこは気仙の今泉であった。

（後略）

話の前後は割愛したが、今、問題にしている部分を引用した。ここでは、『拾遺』の話で曖昧にしか書かれていなかった男の帰路が明確に書かれている。すなわち男は、そんなに遠くに鷲に連れ去られたのではなかった。鮭が遡上した上流から陸路をたどって故郷に帰ったのである。

また同書には「九七　鮭の翁」という話が収録されている。

気仙郡花輪村の竹駒という所に美しい娘があった。ある時この娘を一羽の大鷲が攫って、有住村（ありすむら）の角枯し淵に落した。すると淵の中から一人の老翁が出て来てその背中に娘を乗せて、家に送り届けてくれた。

実はこの老翁は鮭の大助であった。そして後にその老翁は強いて娘に結婚を申し込んでついに夫婦となった。その子孫は今でも決して鮭を食わぬそうである。

話がここまでくるとはっきりする。これは異類婚姻譚の型をふまえたある家の来歴を語るものだ。思い出してみれば、確かに『拾遺』第一三八話は遠野の始原を語り、一見、それは〈神話〉のように見える。しかし、これも宮家の遙か昔の来歴を語った話で、『拾遺』の目次分類には「神の始」という一項が立てられているにもかかわらず第一三八話は、「家の盛衰」に分類されている。見事にこの話の性格を編纂者は読みとっていることになる。

どのような始原が語られているとしても、ある家や個人の世界像に関わる限り、それは神話ではありえない。神話はモノゴトの来歴を神との関わりにおいて語る、ある意味では集団表象でなければならない。

このことは鮭に対する〈食物禁忌〉とも深い関係がある。次章ではこの点から鮭の話を考える。

二

閑話休題。私事で恐縮であるが、わたしの郷里は栃木県で、東に茨城、西に新潟、北に福島が続いている。いわば東北に連なる地域であり、わたしが幼かった頃は食の文化は東北地方の内陸部とそれほど違ってはいなかった。否、ほとんど同じものを食べていた。コールド・チェーンの未発達な時代であったから、海の無い地方としては魚類の多くは乾物あるいは塩蔵であった。鮭も現在のように生食する習慣がなかったし、多くの場合、「鮭」とはいわず「塩引き」と呼んでいた。

この塩引きは、正月にはなくてはならない食物であった。表面は塩がふき出て白くなった一尾を藁縄で口から鰓に通し、台所の片隅に吊しておき、必要に応じて切身にして食するのである。こうして初午の頃（二月の初めの午の日）になると藁縄に懸かっているのは鮭の頭部だけになる。この頭を梨割りにし、コンロで焼く。大きな鍋にこれを入れ、酒粕・炒った大豆・大根・人参・油揚げを加え、一日煮る。大根と人参は竹でできた荒い歯のついた鬼下ろしで下ろしたものである。

これをシモツカレとかシモツカリーと言う。見た目はグロテスクであるが、できあがったものにはもはや鮭の頭の形はない。おそらく他県の人々は畏れをなして口にしないであろう。しかし栃木県人はこれをソウル・フードとして口にする。

そういう鮭を食べ尽くす文化があった。東北地方でも鮭はなくてはならない食物であった。動物性蛋白質をこの魚から摂取していたのである。

このような美味で、貴重な食物を口にしないとはどういうことであろうか。

宮の家が鶯崎に住んでいた頃、愛宕山には今の倉堀家の先祖が住んでいた。ある日倉堀の方の者が御器洗場（ごきあらいば）に出ているると、鮭の皮が流れて来た。これは鶯崎に何か変事があるに相違ないと言って、早速船を仕立てて出かけてその危難を救った。そんな事からこの宮家では、後々永く鮭の魚（皮）は決して食わなかった。（『拾遺』第一三九話）

宮家には「鮭の魚」を食わないという〈食物禁忌〉があった。〈テキストによっては「鮭の皮」とある。ここはやはり鮭そのものを口にしないと考えた方がよい。もっとも東北の一部では鮭の皮を鞣（なめ）し、布と同様に使用していた例がある〉。もう一つ『拾遺』第一四〇話でも同じモチーフが繰り返されている。こうあん様という医者の美しい娘が神隠しにあい、後にこの家の「勝手の流し前から、一尾の鮭が跳ね込ん」で、それからこの鮭を娘の化身と思い、以後、この一家は鮭を食わなかったという。この話の「勝手の流し前」も食物を調理する所である。

「御器洗場」も川の流れを引きこんだ食器の洗い場であろう。説話の記号としては「洗場」も「勝手の流し前」も鮭がきわめて重要な食べ物であることを暗示している。いわばそこは家と外を結ぶ境界であったのである。もっとつきつめて言えば、ここに〈家〉と村人の〈外部〉の通路が見事に語られている。

その食物を宮家では食べない、そういう禁忌で縛った背後には、逆に遠野の人々がいかにこの魚を日常的に食していたかを暗示している。宮家がいかなる家筋であったかは書かれていないけれども、あるいは「宮」という曰くありそうな名字から推して祭祀を司る家ではなかったか。鮭の遡上の最盛期の漁法をテレビで見たことがあるが、棍棒で鮭の頭部を叩く。すると川は真っ赤に血で染まる。じつに残酷な風景であった。宮家が鮭を食するのを禁忌とするのは、これまで見てきたように鮭との深い関わり、親和性によるものであろう。と同時に、これを摂取しないことによって他の遠野の人々とは異なる一族であると主張することになる。いわば鮭を口にしないことが選ばれた特別の家筋であるということであろう。

全国的に鶏やその卵を食べない村は数多い。いつだったか美保神社の青柴垣神事を見に行って聞いた話を思い出した。神事は明神さんの子孫と称する約八十戸の家の中から神籤を引き、一の当と二の当が選ばれる。彼らは人に見られない早朝に潮垢離をとり身を浄める。彼らは鶏や卵を絶対に口にしない。勿論、美保ではこの鳥を飼うこともない。旅に出て知らずに鶏卵の入った料理や菓子を口にしてしまった時には急遽旅を中止し、美保に戻って潔斎し、社頭に詣で事代主命（エビス様）に謝罪するという。

この禁忌の理由は、事代主命が三穂津媛の許に舟で通われた時、鶏が時を間違えて鳴いた。命は急いで帰る途中、慌てていたために櫂を波にさらわれ、手で漕いでいくと鰐（鮫）に手を噛まれたという。このようなわけで美保では鶏を飼わなくなったそうだ。

その真偽はともかく明神さんの子孫、八十戸は、ある種の祭祀共同体で、このギルド的共同体は、このような幻想を抱えこみながら自らの集団の優位性を保持しているように見える。

このように考えると、遠野の宮家の幻想は、個人的な世界像によって成立していたかがよくわかる。一方は共同体から生まれた食物禁忌であり、それは鶏を忌避することによって成立している。他方、宮家の食物禁忌は、忌避から発するのではなく、感謝と信仰から起こっている。その底部にはトーテミズムの影が透けて見えるようである。最後に次のような話をとりあげよう。

宮家には開(あ)けぬ箱というものがあった。開けると眼がつぶれるという先祖以来の厳しい戒めがあったが、今の代の主人はおれは眼がつぶれてもよいからと言って、三重になっている箱をだんだんに開いて見た。そうすると中にはただ市松模様のようなかたのある布片(きれ)が、一枚はいっていただけであったそうな。(『拾遺』第一四一話)

家に伝えられた宝箱を開く話である。確か鹿児島県喜界島に調査に入った折、博物館である家に伝えられていた天女の衣を見たことがある。なんとそれは天女の羽衣ではなく、ノロ(祝女)が祭祀をする時に着る衣であった。宮家に伝世した布片は、市松模様ということであれば、この模様ができたのは一八世紀中葉であるから、それほど古いものではない。おそらく山伏等が用いて布片を箱に納め、家代々に伝えたものであろう。これも宮家が他の遠野の人に対する優位性を主張するものであった。

三

狼の話に移る。

狼（山犬）は、一般に明治三十八年（一九〇五）を最後に絶滅したと考えられている。しかし、『物語』や『拾遺』に描かれた狼の世界がいつのことであったかは判然としない。絶滅したという明治三十八年より後の話と思われるものが『物語』や『拾遺』には見られる。また多くの場合、「狼」と書かれ、ルビで「オイヌ」と呼ばれているが、「狼」と「オイヌ」の区別はなされているようで、規則的な決まりがあったわけではなさそうである。（この点については後に詳述する）。

日本列島において狼は、いわば他の動物に対して〈食物連鎖〉の頂点に立つ動物であった。すると人間と狼の関係は、互いに向かい合うことになる。そこで生まれる狼に対する情動は、対峙と親和性であった。人間は狼を〈食わない〉、しかし狼は時に人間の世界に侵入し人間を襲い、家畜を噛み殺す。しかし、そうした獣の頂点に立つ狼に対して人間は嫌悪あるいは畏怖、と同時にある種の親和性を持ったのであった。

猿の経立（ふったち）、御犬（おいぬ）の経立は恐ろしきものなり。御犬とは狼のことなり。山口の村に近き二ツ石山（ふたついしやま）は岩山なり。ある雨の日、小学校より帰る子どもこの山を見るに、処々の岩の上に御犬うづくまりてあり。やがて首を下より押し上ぐるやうにしてかはるがはる吠えたり。正面より見れば生まれ立て

の馬の子ほどに見ゆ。後から見れば存外小さしといへり。御犬のうなる声ほど物凄く恐ろしきものはなし。（『物語』第三六話）

境木峠（さかひげたうげ）と和山峠（わやまたうげ）との間にて、昔は駄賃馬を追ふ者、しばしば狼に逢ひたりき。馬方等は夜行には、たいてい十人ばかりも群れをなし、その一人が牽く馬は一端綱（ひとはづな）とてたいてい五、六七匹までなれば、常に四、五十匹の馬の数なり。ある時二、三百ばかりの狼追ひ来たり、その足音山もどよむばかりなれば、あまりの恐ろしさに馬も人も一所に集まりて、そのめぐりに火を焼きてこれを防ぎたり。されどなほその火を躍り越えて入り来たるにより、つひには馬の綱を解きこれを張り回らせしに、穽（おとしあな）などなりとや思ひけん、それより後は中に飛び入らず。遠くより取り囲みて夜の明くるまで吠えてありきとぞ。（同第三七話）

狼を「御犬」と呼ぶところに、いかにも狼に対する複雑な感情が隠れているように見える。奈良時代には、狼は『万葉集』で「大口（おほくち）の真神（まかみ）の原（はら）に降る雪はいたくな降りそ家もあらなくに」（巻八・一六三六）と歌われている。「真神」とは狼の異名であった。すでにこの頃から狼は、「山の神」の使い、あるいは「カミ」として畏れられる存在であったことがわかる。『物語』第三六話の「猿の経立」は、年老いて異形の姿をした猿や御犬のことで、特殊な能力を身に付け、妖怪化したものを言う。『物語』第三六話の「二ツ石山」は、『拾遺』第九話では「夫婦岩」と呼ばれている。現在、植林されたためにこの岩は麓からは見えなくなってしまったというが、かつては仰げば見える境界的な場所にあったことになる。その岩の上に狼が踞(うずくま)っており、子供を見て吠えるのである。そう言えば、『物語』第三七話の駄賃馬を追う者と狼が出会う場所も峠と峠の間で、境界的な所であった。いわば〈里〉と〈山〉の境において、よく狼に遭遇するのである。そういう意味では狼そのものが〈里〉と〈山〉とを往還する境界的な動物であったといってよい。

> 小友(をとも)村の旧家の主人にて今も生存せる某爺(なにがしぢい)といふ人、町より帰りにしきりに御犬の吠ゆるを聞きて、酒に酔ひたればおのれもまたその声をまねたりしに、狼も吠えながら跡より来るやうなり。恐ろしくなりて急ぎ家に帰り入り、門の戸を堅く鎖して打ち潜みたれども、夜通し狼の家をめぐりて吠ゆる声やまず。夜明けて見れば、馬屋の土台の下を掘り穿(うが)ちて中に入り、馬の七頭ありしをことごとく食ひ殺してゐたり。この家はその頃より産やや傾きたりとのことなり。（『物語』第三八話）

ここでは「御犬」と「狼」の両方の語が用いられている。強いてその区別を言えば、自然の中の獣の側面が描かれる時には「狼」と呼ばれ、この動物のカミとしての側面を強調する時には「御犬」の語が用いられているようである。馬屋の土台を掘り起こし、そこから侵入して馬七頭を咬み殺す姿は、狼の〈穢(けが)れた〉獣性が剥き出しになっている。しかし、この話の最後に「この家はその頃より産やや傾きたりとのことなり」と書かれている部分は、御犬の予見性、あるいは神性のようなものがほの見えてくる。あるいはこう言い換えてもよい。畑作の害獣である鹿や猪を退治してくれるカミの側面と人間や家畜に害をなす恐ろしい穢れた側面を持っている。つまり御犬と狼は、ある意味で両義的な獣であったのである。

この地方で三峰様というのは狼の神のことである。旧仙台領の東磐井郡衣川村に祀ってある。悪事災難のあった時、それが何人かのせいであるという疑いのある場合に、それを見顕わそうとしてこの神の力を借りるのである。まず近親の者二人を衣川へやって御神体を迎えて来る。それは通例小さな箱、時としては御幣であることもある。途中は最も厳重に穢れを忌み、少しでも粗末な事をすれば祟りがあるといっている。一人が小用などの時には必ず別の者の手に渡して持たしめる。そうしてもし誤って路に倒れなどすると、狼に喰いつかれると信じている。前年栃内の和野の佐々木芳太郎という家で、何人かに綿桛を盗まれたことがある。村内の者かという疑いがあって、村で三峰様を頼んで来て祈祷をした。その祭りは夜に入り家じゅうの燈火をことごとく消し、奥の座敷に神様をすえ申して、一人一人暗い間を通って拝みに行くのである。集まった者の中に始めから血色が悪く、合わせた手や顔を顫わせている婦人があった。やがて御詣りの時刻が来ても、この女だけは怖がって奥座敷へ行きえなかった。強いて皆から叱り励まされて、立って行こうとして、膝がふるえ、打ち倒れて血を吐いた。女の供えた餅にも生血がついた。験はもう十分に見えたといってその女は罪を被せられた。表向きにはしたくないから品物があるならば出せと責められて、その夜の中に女は盗んだ物を持って来て村の人の前に差し出した。（『拾遺』第七一話）

この衣川の三峰様は、武州秩父（埼玉県秩父市三峰）に鎮座する三峰神社の分霊を、享保元年（一七一六）に勧請したものである。祭神は、イザナキ・イザナミと大口真神、すなわち狼神である。火難、盗難、疫病に御利益があると喧伝され、広く信仰された。『拾遺』第七一話の話は、まさにそうした盗難の物と犯人が見顕される話となっている。また「この祭りが終わると、すぐに三峰様は衣川へ送って行かなければならぬ。ある家ではそれを怠って送り届けずにいたために、その家の馬は一夜のうちにことごとく狼に喰い殺されたこともあったという。」（『拾遺』第七三話）と語られている。

小さな村落共同体において、綿桛（紡いだ糸を巻き取る糸車。ここではその綿糸の束）を盗んだ者はおおよそ見当がついている。警察沙汰にしないで穏便に済ます方法として三峰様が持ち出される。いわば狼の神秘的な能力、託宣や予知の力にすがって、共同体の維持が図られるのであった。

たとえば『日本書紀』欽明天皇即位前紀に次のような話がある。天皇が幼い時に夢の中で、秦大津父という者を寵愛なされば必ず天下は治まるでしょう、という託宣を得た。使者を遣わし秦大津父を捜し出し、「お前に何かあったか」と天皇が尋ねた。答えて「伊勢に出向き商いの帰り道、山で二匹の狼が噛み合って血で穢れているのに出会いました。そこで馬から下り、口を濯ぎ、手を洗い、祈請して『あなたは貴い神で、荒々しい行為を好まれます。しかし、もし猟師に出会ったらたちまちに捕らえられてしまいましょう』と言いました。そして噛み合うのを止めさせ、血で穢れた毛を拭い洗って放してやり、二匹とも命を助けました」と申し上げた。天皇は「きっとこれが報われたのであろう」と仰せられ、大津父をお側近く仕えさせ、ますます厚遇なさり、大津父はたいそう裕福になったという。渡来系氏族である秦氏の繁栄がこの狼救助であるかのように語られている。つまり、狼には予言と予見が可能であったという意味で、なんと奈良時代から近代までもその信仰は続いてきたことになる。

中村生雄によれば、三峰信仰を地方各地にまでその効験を流布させ、流行に導いたのは享保年間（一七一六～三六）に当山観音院の住持であった日光法印の功績によるものだという。[5] 日光法印は、ヤマトタケルという英雄が道に迷い、それを一匹の狼に先導されてことなきを得たという神話にもとづく話を発明し、その狼を祭祀したのが三峰神社であるという縁起を作り出したのであろう。

じつは、この話は『日本書紀』景行四十年是歳条に「爰に王（ヤマトタケル）、忽に道を失ひ、出でむ所を知りたまはず。時に白狗、自づからに来たりて、王を導きまつらむとする状有り。狗に随ひて行でまし、美濃に出づること得たまふ」という語りを踏襲した言説であった。ここに出てくる「白狗」は白狼のことで、神の使いという解釈である。

当時、三峰の近隣の農山村では狼の被害が頻発していた。また享保十七年（一七三二）に長崎経由で日本に入ってきた狂犬病の蔓延により、狼が頻繁に人を襲うようになったという。

三峰信仰は、人は勿論のこと、牛馬を被害から守ってくれるというものであった。そして火伏に験があるのは、おそらく三峰付近は焼畑農耕が盛んで、そこから考え出された信仰であった。火のコントロールがこの農法では一番大事なことであった。また盗難防止の信仰は、狼の神秘的な力を利用する発想から起こったのである。

和野の佐々木嘉兵衛、ある年境木越の大谷地へ狩りにゆきたり。死助の方より走れる原なり。秋の暮れのことにて木の葉は散り尽くし山もあらはなり。向かふの峰より何百とも知れぬ狼こちらへ群れて走り来るを見て恐ろしさに堪へず、樹の梢に上りてありしに、その樹の下をおびただしき足音して走り過ぎ北の方へ行けり。その頃より遠野郷には狼はなはだ少なくなれりとのことなり。

（『物語』第四一話）

狼は群れをなして行動するのが普通であるけれども、この話の「向かふの峰より何百とも知れぬ狼こちらへ群れて走り来るを見て」という描写にはある種の異常性が感じられる。今西錦司は、この狼の異常な大脱走とも言える群の行動は集団死の前兆であると述べている[6]。また高橋喜平は「日本狼が何故明治時代に急速に絶滅したかと言えば、ジステンバーの流行によるものではないかといわれている。ジステンバーは犬類の伝染病で、烈しい伝染力と必殺力とを持っているので、集団生活をする狼にとって、それは絶滅への挽歌になってしまったのであろう」と書いている[7]。いずれにしろ「その頃より遠野郷には狼はなはだ少なくなれりとのことなり」という最後の象徴的な記述は、遠野から狼の姿が消えていったことを暗示している。

最後に狼が減少、あるいは絶滅した結果について触れておく。現在、我々は畑や田を荒らす獣害に悩まされていることは周知である。狼は、そうした田畑に被害をもたらす鹿や猪を補食して、その数を調整してくれていたことを今更ながら思い知るのである。いわば狼と人間の間には強い共生関係、親和性もまたあったことになる。

小正月は女の年取りである。（中略）鍵に供えるのを、鍵鼻様の餅といって、夜これを家族の者が食べれば丈夫になるといわれている。そのほか蔵や納屋の鼠には嫁子餅と言って二つの餅を供える。また狼の餅というのは藁苞（わらづと）に餅の切れを包んで山の麓や木の枝などに結びつけておく。（後略）
（『拾遺』第二七九話）

小正月の行事について書かれた話だが、狼にも餅を藁苞に包んで供えるという人間の心根は優しい。狼と人間は、敵対する側面と同時に、このような親和性もまたあったことを忘れるべきではない。

四

『物語』も『拾遺』も、いわゆる「昔話」という範疇に入る話は、きわめて少ない。そうした中で、『物語』第五一～五三話の「いろいろの鳥」は、昔話に見られる小鳥前生譚としてまとめられている。第五一話が「オット鳥」、第五二話が「馬追い鳥（うまおいどり）」、第五三話が「郭公（かっこう）」と「時鳥（ほととぎす）」の話である。ついでに言っておくとオット鳥はコノハズクのことで、梟（ふくろう）の仲間であるがもっとも小さく、「ぶっぽうそう」と鳴く鳥である。馬追い鳥はアオバトのことで、大きさはイエバトと同じ、体は緑色で胸部は黄色。その鳴き声は尺八の響きに似て哀調を帯びているという。一般に不吉な鳥ということになっている。

三話の概略を述べると、第五一話のオット鳥の話は、昔、互いに好き合った長者の息子と娘が山に遊びに行った。ところが娘はいつの間にか息子と離ればなれになって、夕暮れになり、夜になっても見つけることができなかった。娘はとうとう鳥になってオットーン、オットーンと鳴いた。オットとは

「夫」のことであるという。

第五二話は、昔、ある長者の奉公人が馬を山に放しにいき、帰る時になって馬を数えてみると一匹足りなかった。夜通し探し求めたが見つけることができなかった。奉公人は、鳥となって、アーホー、アーホーと鳴いた。この声はこの地方で馬を追う声であるという。

第五三話。郭公と時鳥は昔、姉妹であった。姉は芋を掘って焼き、軟らかいところを妹に与え、固い部分を自分で食べた。ところが妹は、姉が自分でおいしいところを食べてしまったと邪推し、包丁で刺し殺してしまった。すると姉はたちまち鳥になり、ガンコ、ガンコと鳴きながら飛び去った。ガンコはこの地方の方言で、「固い」という意味である。妹はこれを聞いて、さては姉は自分に軟らかい部分をくれたのだと覚り、妹も「包丁かけた」と鳴いて飛んでいった。この地方では時鳥を「包丁かけ」と呼ぶという。

この三話の主人公たちは、いずれも元は人間だった。鳥になるということは、いわば「死ぬ」ことであった。このような信仰は、遠野地方独自のものではない。昔話にはしばしば見られる発想であった。その源流は、『万葉集』の「挽歌」まで遡れるであろう。

天翔(あまがけ)りあり通(がよ)ひつつ見らめども人こそ知らね松は知るらむ（巻二・一四五）
青旗(あをはた)の木幡(こはた)の上(うへ)を通ふとは目には見れども直(ただ)に逢はぬかも（同・一四八）

最初の歌は、山上憶良が有間皇子(ありまのみこ)の死を偲んで詠んだ追和歌の一つである。皇子の魂は天を翔けて通いながら御覧になっているだろう、人には見えないけれども松はそれをよく知っていることであろう、といった意味になろうか。二首目は、天智天皇の死に臨む時に皇后であった倭姫王（やまとひめのおおきみ）が歌った挽歌である。木幡の山の上を御魂が行き来しておられるのが目には見えるけれども直接にはお逢いできないことだ、という意味である。つまりここには魂が鳥になったとは具体的には歌われていないけれども、それが生身の肉体を離れ、鳥のように天空を翔けるという他界観が現れている。

とすると、人の魂は他界において鳥になって生きていることになる。そのような話が『日本書紀』仁徳天皇元年の条に載っている。大鷦鷯尊（おおさざきのみこと）（後の仁徳天皇）が生まれる時、産殿（うぶどの）に木菟（つく）が飛び込んで来た。また同じ日に大臣・武内宿禰（たけうちのすくね）の処にも出産があって、産屋に鷦鷯（さざき）が飛び込んだ。父親である応神天皇は、わが皇子と大臣の御子の名を交換して、大鷦鷯尊という名を付けた。「鷦鷯」は、ミソサザイという鳥の古名、「木菟」はミミズクのことである。誕生する時に鳥が飛び込んで来るとは、神話的論理で言えば新しい生命が向こう側からこちら側へやって来ることであった。つまり向こう側において鳥であったものが、こちら側に移ることで人間になるわけだ。『物語』の小鳥前生譚と仁徳紀の挿話は、ちょうど逆の関係になっていることがわかる。前者は人間が死んで鳥となり、後者は誕生して鳥から人間になる、ということである。

ところで『物語』第五一～五三話の舞台は、広い意味で「山」である。第五一話は「山にはさまざまの鳥住めど」とあり、第五二話は「山へ馬を放しに行き」とある。問題は第五三話には山という語は出てこない。しかし「芋を掘りて焼き」という箇所がある。柳田はこの芋を馬鈴薯のことと言っているが、これはおかしい。『注釈 遠野物語』によると、芋を「山芋」（この地方でホド）と解釈するのが正しい。ホドはマメ科の多年草で、野山に自生する。塊状の根を持ち、菓子などの少ない昔はおやつに煮たり焼いたりして食べたという[8]。

三つの話がヤマを背景にして語られているのは重要である。農村の共同体の空間構造のモデルを、福田アジオは三つに分節化してみせた。中心が住居を含む「ムラ」、ついでその周りに位置するのが「ノラ」と呼ばれる労働空間である。そして一番外側が「ヤマ」ということになる[9]。ムラとノラは、いわば生きてゆくための生の空間であり、ヤマは葬場のある死のそれであった。(勿論、これはモデルであって遠野の人々も時に山にも入るし、そこからさまざまな生産物を得ていたろう)。

しかし、ヤマに「ダンノハナ」のような墓所があったことも事実である。そこは他界への入口であり、魂の飛翔する場であった。三話が鳥とヤマの伝承であったことは以上のような遠野の死生観の上になりたっている。第五一話のコノハズク、第五二話のアオバト、第五三話の郭公と時鳥は、初夏から夏にかけてしきりに鳴く鳥たちだった。おそらくこれらの昔話は田植え時に語り継がれてきた伝承であったにちがいない。

注

(1)『嘉穂町誌』(第七篇「文化」第四章「民俗」)嘉穂町教育委員会、一九八三年八月。
(2)中山太郎『日本民俗学』一、大岡山書店、一九三〇年十月。
(3)三浦佑之『村落伝承論』五柳書院、一九八七年五月。
(4)佐々木喜善『聴耳草紙』ちくま文庫、二〇一〇年五月。尚、初版は三元社出版、一九三一年一月。

(5) 中村生雄『日本人の宗教と動物観—殺生と肉食—』吉川弘文館、二〇一〇年九月。
(6) 例えば今西錦司「動物記」(『増補版 今西錦司全集』第二巻、講談社、一九九三年十月)など。尚、この初版は『遊牧論そのほか』(秋田屋、一九四八年一月)。また、今西は同書で、柳田は群れの解体の中に絶滅の前兆をみようとしたが自分はその反対で、狼とは本来単独行動をとるものであり、異常な群れの成立の中に日本狼の絶滅の前兆を認めたいと述べている。
(7) 高橋喜平『遠野物語考』創樹社、一九七六年十二月。
(8) 後藤総一郎監修・遠野常民大学編『注釈 遠野物語』筑摩書房、一九九七年八月。
(9) 例えば福田アジオ『日本村落の民俗的構造』(弘文堂、一九八二年三月)など。

奥州・白鳥織りの伝承

一

古代人は極寒の冬をどのようにして過ごしていたのであろうか。暑さはそれなりに耐えることができるが、古代にあって寒さは命に関わる重大な問題であった。

たとえば『万葉集』巻五・八九二番歌で、山上憶良は、寒さについて「風交り　雨降る夜の　雨交り　雪降る夜は　すべもなく　寒くしあれば　堅塩を　とりつづしろひ　糟湯酒　うちすすろひて　しはぶかひ　鼻びしびしに　しかとあらぬ　ひげ掻き撫でて　我れをおきて　人はあらじと　誇ろへど　寒くしあれば　麻衾　引き被り　布肩衣　ありのことごと　着襲へども　寒き夜すらを…」と歌っている。風の混じった雨の夜、その雨に混じって雪の降る夜は、寒くてしかたがないので、堅塩を少しずつなめたり糟汁をすすったりして、しきりに咳きこみ鼻水でぐすぐすいわせ、たいして生えていない髭を撫でながら自分ほどの者はほかにはおるまいと誇ってはみるけれど、それでも寒くてしかたないので麻布団を引き被り、布の袖のない着物をありったけ重ね着してみるが、それでも寒い夜であるので…、という意である。万葉人の冬の夜の寒さが思いやられる。

そう言えば『万葉集』には、寒さを表現した歌が約五十五首も出てくる。これに対して暑さを表現した作品はわずか一首である。大伴旅人の作品と目される筑波山に登るときの歌に「暑けくに 汗かき嘆き」（巻九・一七五三）と出てくるのが唯一の例だ。勿論、「汗」も万葉にはこの歌以外にはない。万葉人は暑さは我慢できたが、寒さは耐え難かったということか。それとも当時の夏は、今ほど気温が高くなかったのであろうか。

いずれにしろ、寒さが当時の人々を苦しめたのは確かであった。たとえばこれが東北の冬であったなら、その寒さはいっそう厳しいものであったろう。この時代、衣服の素材は、絹、麻、苧麻、あるいは蔓性の植物の繊維が用いられ、羊毛や木綿はまだ我が国には普及していなかった。ましてや一般庶民が、絹の衣服を身に着けるということはほとんどなかったろう。ごく一部の者が動物の毛皮を着ることはあったが、庶民はただこの極寒の季節を耐えに耐えるほかはなかったのであろうか。

そんなことを日頃考えていたところ、不思議な織物について記述した本に出会った。竹内淳子の『草木布』という書物である(1)。そこに「ゼンマイ白鳥織り」と呼ばれる布地が紹介されている。すでに滅びてしまったまぼろしの布地である。ゼンマイとはよく山菜として食卓に上るあのゼンマイである。早春に地中から頭を出すゼンマイの、まさに発条のごとくに丸まった頭部は、茶褐色の綿毛のようなものに覆われている。ごく少量の綿毛を気の遠くなるような作業で布地の素材に必用な量を採集する。これに白鳥の羽毛を混ぜて糸を紡ぎ、織ったのがゼンマイ白鳥織りということになるらしい。

白鳥は、冬季に北日本を中心に飛来する鳥であるが、そうした白鳥の羽毛をゼンマイに入れることによって、防寒に適した暖かい布地が生まれてくるのであろう。古代以来、庶民の布地は、自分の家の機に掛けて生産するのがごく普通のことであったから、各地でこの織物が普及していたにちがいない。人々は雪の降り積む冬景色の寒々とした湖沼に悠然としている白鳥の羽毛を自らも身に付けたい、そのような祈りからゼンマイ白鳥織りを織ったのだと想像する。

現在、この織物は秋田県鹿角(かづの)市図書館民俗資料室、秋田県角館(かくのだて)町の青柳家の資料室で実見できるという。東北の日本海側では、ゼンマイ白鳥織りは別に珍しいものではなく、一般家庭で自家用に作られていた。そして明治末期から大正期にかけて小規模ながら機業場(はたおりば)で織られ販売もされていたが、やがて他の繊維製品に押されて衰退していったのである。

ところで、先に挙げた鹿角市の十和田町大字錦木(にしきぎ)には、「錦木」という悲しい伝説が伝えられている。中世期には都にまで知られ、『俊頼髄脳(としよりずいのう)』には奥州の歌枕の一つとしてあつかわれている。あるいはまた世阿弥の謡曲『錦木』となってこの伝説が演じられている。そのあらましを掲げる。

諸国一見の僧が陸奥国狭布(きょう)の里を通りかかり、鳥の羽毛で織った布を持つ美しい娘と色とりどりに飾った錦木を持った若い男に出会う。僧がその細布(さいふ)と錦木の由来を尋ねると、若い男はその娘を見そめ、娘の住む家の門に錦木を立てたという。逢うべき男と認めればただちに女は家中にこれを取りいれるが、意に叶わぬ相手であれば取りこまず、男は三年を限りとして錦木を女の所に積む。錦木塚は、三年の間、錦木を立てながら死んだ男とそれを悲しんで亡くなった娘の墓であると話して消える。僧の夢に二人の亡霊が現れ、娘は塚の内で細布を織り、男は三年千束の錦木を積んだことを話す。やがて夜が明けると、僧の読む法華経の功徳によって二人の恋の妄執は消え失せる。

この「細布」がおそらくゼンマイ白鳥織りであったろう。松尾芭蕉の『奥の細道』六月五日の条には

「出羽といへるは鳥の毛羽を此国の貢に献ると風土記に侍とやらん」と述べられている。おそらくこうした水鳥の羽毛を混ぜ入れた織物は、東北地方ではごく普通のことであった。（この風土記は何を指しているのか不明）。

二

さて、ここまで書いてきて、ひとこと言い訳をしておきたい。わたしは何もゼンマイ白鳥織りという幻となった織物を主眼にしたことをここで書きたいわけではない。ゼンマイ白鳥織りというものの存在を知って、ゆくりなくも脳裏に浮かんできたものがあった。それは、たとえば木下順二の『夕鶴』に出てくる鶴の機織り、『古事記』の仁徳天皇の条の、女鳥王と呼ばれる女性が機を織っている場面等である。ここには鳥と機織りの緊密な関係があるように見える。しかも多くの場合、それは水鳥であった。また『古事記』には、次のような歌謡もある。

ぬばたまの　黒き御衣を　まつぶさに　取り装ひ　沖つ鳥　胸見る時　はたたぎも　これは適はず
辺つ波　そに脱ぎ棄て　鴗鳥の　青き御衣を　まつぶさに　取り装ひ　沖つ鳥　胸見る時　はたた
ぎも　此も適はず　辺つ波　そに脱ぎ棄て　山県に　蒔きし　あたね舂き　染木が汁に　染め衣を
まつぶさに　取り装ひ　沖つ鳥　胸見る時　はたたぎも　此し宜し…（八千矛神の歌謡）

八千矛神（大国主神）が、妻の嫉妬に嫌気がさして、一人、都に旅立とうと旅装を整えている時の歌謡である。黒い御衣、青い御衣、赤い御衣と、次々に着ては脱ぎ、脱いでは着て、その姿を首を傾け我が身を見回しては吟味し自分に一番似合う色の衣を見つけようとしている。その様子は、あたかも鳥が羽振きしながら首を廻らしているようにも見える。「沖つ鳥」と歌われていることからも、この鳥は、水鳥と考えてよい。あるいは青い御衣は鴗鳥（カワセミ）の羽の色としてイメージされている。というより衣裳そのものが鴗鳥の覆われた羽毛のように纏われ、脱ぎ捨てられている。それは、大国主神が美保の岬で少名毘古那神に出会う場面で、「波の穂より天の羅摩船に乗りて、鵝の皮を内剥ぎに剥ぎて衣服にして」と、この神の纏っていた衣裳を思い起こさせる。まさに「内剥ぎて」少名毘古那神は衣を装着しているのである。この歌謡が演劇的なパフォーマンスをともなって謡われたものであることが目に浮かぶであろう。

『日本書紀』第八段の一書の第六には、「白蘞の皮を以ちて舟に為り、鷦鷯の羽を以ちて衣に為り」と記されている。「鷦鷯」は、ミソサザイのことで、ここでも衣服と鳥の羽毛は一続きのものとして描かれているのである。

『常陸国風土記』に次のような記述がある。

郡の西□里に、静織の里あり。上古の時に、綾を織る機を、知れる人在らざりき。時に、この村初めて織りき。因りて名づく。（久慈郡）

ここで言う「静織」（シヅオリ・シドリ）は、「倭文織」のことで、日本古来の織物を言う。倭文部を率い、伴造である倭文氏がこの地に移住して来て、この織物の生産に従事したことを語っている。現在、常陸国那珂郡瓜連町に静神社という古社があり、常陸国の二の宮で、『延喜式』では名神大社に列している。『古語拾遺』に「倭文遠祖、天羽槌雄神」と記されているから、倭文氏の氏神を祭祀した神社ということになろう。静神社については以前に詳述したことがあり、[2] 今はこの論に関わる点についてだけ述べる。

静神社の祭神は建葉槌命という神であるけれども、これはどのような神なのであろうか。『日本書紀』第九段の正文の注に、

> 一に云はく、二神、遂に邪神と草・木・石の類を誅ひ、皆已に平け了へぬ。其の服はぬ者は、唯星神香香背男のみ。故、加倭文神建葉槌命を遣ししかば服ひぬ。

と述べられている。国譲り神話の最後の場面である。『日本書紀』（小学館）の頭注に、「この神を遣わして星神を服従させ得た理由不明」と書かれているけれども、そのようなことはない。建葉槌命の「建」は、「勇猛果敢な」の意、「葉」は、「羽」のこと、「槌」は、ツが連体格、「チ」が霊格である。「羽」は、鳥の身体を被っている羽毛、身に纏っているものを意味している。すなわちこの神が機織りの神であることは、まことにふさわしい。一方、それが鳥のイメージで語られ、天空の悪神・星神を成

敗し得たことは、当然すぎるほど当然であった。地上に降り立った二神、武甕槌神も経津主神も、天空の星神とは対峙することはできなかったからである。建葉槌神は、大空を飛翔し、この邪神を服従させることができたのである。

言い方を換えれば、候鳥（渡り鳥）として自由に世界を往来し得る水鳥、つまり向こう側の世界へ、そして、こちら側の世界に行き来する鳥の異界性と、その呪力が建葉槌神にはあったのである。世界のシャーマンを描いた図像を見ると、よく鳥の姿に似たものを纏っている姿を目にするが、脱魂型のシャーマンは、異界へ飛翔し、その世界を見て帰って来ることができると言われる。おそらく羽毛の衣服には、単に暖をとるという現実の生活的な機能だけではなく、そうした鳥の持っている異界性を身に纏うことを幻想し、それを希求した憧憬のようなものがあったように思う。あるいはこう言い換えてもよい。東北の大地に息づく命を、水鳥と織物とに結びつけることによって自らのものにしたと。

時代は異なるが『拾遺』第一三八話に次のような話もある。

> 遠野の町に宮という家がある。土地で最も古い家だと伝えられている。この家の元祖は今の気仙口を越えて、鮭に乗ってはいって来たそうだが、その当時はまだ遠野郷は一円に広い湖水であったという。（中略）この宮氏の元祖という人はある日山に猟に行ったところが、鹿の毛皮を著ているのを見て、大鷲がその襟首をつかんで、攫って空高く飛び揚がり、はるか南の国のとある川岸の大木の枝に羽を休めた。その隙に短刀をもって鷲を刺し殺し、鷲もろとも岩の上に落ちたが、そこは絶壁であってどうすることもできないので、下著の級布を脱いで細く引き裂き、これに鷲の羽をな

い合わせて一筋の綱を作り、それに伝わって水際まで下りて行った。（後略）

以上、織物、それを織る機、そして鳥が、古代人には一つのコードとして観念されていたことがわかる。

三

『近江国風土記』の逸文ではないかと考えられてきた説話に「伊香小江」がある。鎌倉時代に成立した『帝王編年紀』に収められているものであるが、古い伝承を伝えていることは確かである。

古老の伝へて曰へらく、近江の国伊香の郡。与胡の郷。伊香の小江。郷の南にあり。天の八女、倶に白鳥と為りて、天より降りて、江の南の津に浴みき。時に、伊香刀美、西の山にありて遙かに白鳥を見るに、其の形奇異し。因りて若し是れ神人かと疑ひて、往きて見るに、実に是れ神人なりき。ここに、伊香刀美、即て感愛を生して得還り去らず。竊かに白き犬を遣りて、天羽衣を盗み取らしむるに、弟の衣を得て隠しき。天女、乃ち知りて、其の兄七人は天上に飛び昇るに、其の弟一人は得飛び去らず。天路永く塞して、即ち地民と為りき。天女の浴みし浦を、今、神の浦と謂ふ、是なり。伊香刀美、天女の弟女と共に室家と為りて此処に居み、遂に男女を生みき。男二たり女二たりなり。兄の名は意美志留、弟の名は那志登美、女は伊是理比咩、次の名は奈是理比売、此は伊香連等が先祖、是なり。後に母、即ち天羽衣を捜し取り、着て天に昇りき。伊香刀美、独り空しき床を守りて、唫詠すること断まざりき。

近江国・余呉湖（伊香の小江）の天女伝承である。一般的な話としては、天女が、天の羽衣を人間の男に奪われ、地上の生活を送るというのが普通である。東北から沖縄にかけて数多く分布する話の型である。しかし、ここでは天の羽衣とは言いながら、天女は白鳥の姿で湖に飛来している。つまり身に纏っていた羽毛を脱いで麗しい乙女となって水浴しているところ、伊香刀美の目にとまってこの衣を奪われることになった。白鳥処女型と言われる型の天女伝承で、日本においては数少ない例の一つということになろう。他の『風土記』の中では、『常陸国風土記』香島郡に「伊久米の天皇のみ世に、白鳥あり。天より飛び来たり、僮女と化為りて、夕に上り朝に下る」とあり、同様に白鳥が乙女になる話を挙げている。

ここに出てくる伊香刀美という人物は、姓は連、中臣氏の祖となる天児屋根命の五世の孫にあたる伊賀津臣命と同人と考えられる。そして伊香刀美と天女との間に生まれた意美志留は、『新撰姓氏録』に記載された臣知人命と同人である。つまりこの話は、伊香氏の始祖伝承を語るもので、自分たち一族が選ばれた天人の血の流れをくんだ氏族であることを誇っているのであった。

おそらくこのような型の話が湖北において伝承されていたのは、冬季になると白鳥がこの地に飛来し、常日頃それを目撃する生活があったためであろう。そうした風土、環境が以上のような話を紡ぎ出したのであった。

これまで白鳥について述べてきたが、次のような話もある。

> 昔者、纏向の日代の宮に御宇しし大足彦天皇、豊国の直等が祖菟名手に詔したまひて、豊の国を治めしめたまひしに、豊前の国、仲津郡の中臣の村に往き到りき。時に、日晩れて僑宿りき。明くる日の昧爽に、忽ちに白き鳥あり、北より飛び来りて、この村に翔り集ひき。菟名手、すなはち僕者に勒せてその鳥を看しむるに、鳥、餅と化為る。片時の間に、更、芋草数千許株と化りて花葉尽に栄えき。(『豊後国風土記』総記)

> 伊奈利と称ふは、秦中家忌寸等が遠つ祖、伊侶具の秦公、稲粱を積みて富み裕ひき。乃ち、餅を用ちて的と為ししかば、白き鳥と化成りて飛び翔りて山の峯に居り、伊禰奈利生ひき。遂に社の名と為しき。其の苗裔に至り、先の過を悔いて、社の木を抜じて、家に殖ゑて祷み祭りき。(『山城国風土記』逸文「伊奈利社」)

いずれも白き鳥(白鳥)の出てくる話である。ただし、これらの白鳥は、織物にも布地にも関わらない。二つに共通するのは、稲や餅といった食物と結びついた話になっていることである。そう言えばすでにとりあげた『常陸国風土記』香島郡の白鳥が乙女に変身する話も「石を摘みて池を造り、その堤を築かむとして」と続くから、おそらく稲作のための灌漑用水の施設を築こうとしたのであろう。すると、これらの白鳥説話は、稲作や農耕と深く関わる水鳥の伝承であった。『倭姫命世記』に記された伊勢神宮の別宮・伊雑宮（いざわのみや）の伝承も白鳥ではないけれども、鶴によって豊かな実りをもたらす稲発見の神話ということになる。

このように見てくると、偶然なのかどうか、白鳥の羽毛を身に纏うことをモチーフとした話は、東北部、あるいは日本海地域に多いことがわかる。いわゆる中央に対する辺境の地が舞台となっているといってよい。これに対して白鳥と稲作の関係を主題にした話は、太平洋側、あるいは西日本に目立って出てくるように思われる。

想像するに、白鳥と稲の結びついた伝承は、稲が外部から我が国にもたらされたということ、そしてそれが王権の存立と深い関係のあることによって、西日本に多く分布することになったのであろう。そして、織物や衣服と白鳥が結びついた地帯は、寒冷地という環境、風土から王権のイデオロギーとは無縁な、まさに東北の大地に根ざした現実の生活の中で育まれた伝承であったのである。暖かそうな羽毛に覆われた水鳥、天空高く舞い上がる白鳥、それに少しでも近づきたいという共生的な憧憬が、北国の古代人にダウン・ジャケットを纏わせたのであった。

注

（1）竹内惇子『草木布Ⅰ』法政大学出版局、一九九五年七月。

（2）永藤靖「神々と生産技術の習合――『常陸国風土記』久慈郡の機織と神社――」（『古代学研究所紀要』第四号）明治大学古代学研究所、二〇〇七年三月。

ウツロ船伝承と馬嬢婚姻譚
―二つの絹文化の東伝―

一

常陸国、筑波山南麓に蚕影山神社（つくば市神郡）という社がある。いわゆる養蚕の守護神を祭祀する信仰から生まれた神社であった。神社のすぐ近くに筑波山から発した逆川が流れている。この小さな流れはやがて桜川に合流し、土浦市に面した霞ヶ浦に注いでいる。そして今度は、小貝川を合わせた利根川となって太平洋に流れ込んでいる。その途中、左岸に蚕霊神社（神栖市日川）がある。

また、茨城県北部の日立市・川尻の海岸に蠶養神社がある。この社から小貝ケ浜は指呼の距離で、この「コガイ」も「小貝川」の「コカイ」も、もともとは「蚕飼」（コカイ）の義であるという。『新編常陸国誌』の「蚕飼浜」の項目に、「土人ノ説ニ云、コノ所ハ皇国養蚕ノ最初ナリ、故ニ蚕飼ノ浜ト云フ、当所ノ石ヲ以テ、蚕棚ニカザレバ、蚕ニクセノ入ルコトナク、出来甚ヨロシキ也、故ニコノ辺蚕飼ノモノ、必コノ石ヲカザル」とある。[1] 以上のことから二つの点を指摘したい。一つは、利根川流域（桜川を含む）が養蚕の盛んな地域であること、そして、この河川を通じて蚕霊神社（神栖市日川）、蚕影山神社へと、養蚕文化が次第に内陸部へ移動していること。二つに日立市・川尻の蠶養神社もまた海岸に建つ社で、前者との関係を重視すれば、おそらく養蚕の技術やその民俗が海を媒介にして伝播していると考えられることである。つまり、船の交通によって海から常陸国に養蚕という殖産の技術が流入したことが想像される。海岸にもたらされた新しい技術、あるいはその複合した文化は、今度は河川を遡上する形で内陸部へと達し、そこに根付いて常陸の養蚕、あるいは桑の植林が広範囲に花開いたのであった。

確かに右にとりあげた三つの神社は、延喜式内社ではないけれども、常陸国の広範囲な養蚕文化の中心を担っていたのは確かであった。たとえば『常陸国風土記』の次のような記述が思い浮かぶ。

…身を耕耘るわざに労き、力を紡蚕ぐわざに竭すことあらば、立即に富豊を取るべく、自然に貧窮を免るべし。（中略）桑を植ゑ麻を種かむには、後は野にして前は原なり。（『常陸国風土記』総記）

この記事よりも右の三社の成立が古いということを主張するものではないが、こうした常陸国の風土の中で、遅くとも十世紀前後にはそれぞれの村落共同体において、養蚕のための信仰によって社が立ち上がっていたと想像される。

二

ところで、これらの神社には、ほとんど同じような縁起伝承がそれぞれ伝えられている。今、つくば市神郡の蚕影山神社の『蚕影山略縁起』(2)を中心にその縁起の概略を述べる。日立市川尻の蠶養神社の『蠶養嶺略縁起』(3)もほぼ同じ伝承であるが、その相違点で重要な点は後に触れる。

この里の養蚕の濫觴(らんしょう)は、欽明天皇の御代のことである。北天竺旧仲国(ほくてんじくきゅうちゅうこく)に、森夷(りんい)大王という帝とその后・光契夫人(こうけいふじん)との間に姫君・金色姫(こんじきひめ)がいた。ところが后は突然に亡くなり、新たに后を迎えることになった。この后は邪見な人で、継母のために金色姫を憎み、獅子孔山という悪獣のいる山に捨てさせた。ところが悪獣は金色姫にかしずき、自らの背に姫を乗せて王城に送り届けた。后はますます怒り、今度は鷹群(ようぐん)山という鷲や熊のいる山に捨てさせた。この山は四季を分かたず雪が降る。ここに王の命を受けて鷹を捕獲するために山に入った兵士が姫君を発見、驚いて狩をやめて都へ連れ帰った。后はいよいよ怒り、姫君を遠き島である海眼山(かいがんぜん)に流した。ところが、ある時、小舟が暴風に遇い、この島に漂着した。そして今度も姫君を発見し、都に送り届けた。そこで大王の留守を窺い、獄人に金銀を与え、清涼殿の庭に姫君を生き埋めにさせた。王城に戻った大王は、清涼殿の花園が光明を放っていることを怪しみ、その場所を掘りかえさせた。大王が姫君に言うには「お前は世の常の人ではない。この地にあってはまた継母の災難を受けよう。この地で憂き目を見るよりは、他の国に流した方がよかろう」と、桑の木の「うつほ船」を造り、宝珠を姫君に与え、涙ながらに船を沖へ出させた。

船は常陸国筑波根豊浦湊に漂着し、この浦の権之太夫という者によって発見される。太夫は姫君から事情を聞き、かしづき世話し、掌中の玉のように愛した。しかしながら姫君は、まもなくこの世を去った。太夫夫婦は嘆き悲しみ唐櫃になきがらを入れ、祈っていた。ある夜、夢に「我に食を与えよ。そうすれば汝に必ず報いる」ということばを聞いた。夜明けて櫃を開いてみると、姫君の姿はなく、「小虫」がそこにいた。この姫君の国は桑の多いことを聞き知っていたので桑の葉を取って与えると、虫は喜んでこれを食べ、次第に成長していった。そして旧仲国での四度の苦難に遇ったように四度休眠し、繭を作った。筑波山の神凱道仙人がこの繭をねり綿とし、糸をとることを教えた。これが日本の蚕養のはじめである。権太夫は富貴になること限りなかった。

欽明天皇の皇女・各耶姫は筑波山へ飛行し来たってはじめて神衣を織ったという。そして託宣して「自分は森夷大王の娘で、欽明天皇の皇女として生まれ変わった者である。この国の蚕養の神となるであろう」と述べた。

以上が縁起の概略であるが、ここに出てくる「豊浦」という地名は現在でも残っており、日立市川尻と同地である。すると「うつほ船」が流れ着いた豊浦は、もう一つの蠶養神社との関係を語っていることになる。ところが『蠶養嶺略縁起』を見ると、蚕影神社のことについてはまったく触れられていない。それに地図上で見ると、つくば市神郡と日立市川尻とはあまりにも距離が離れ過ぎていないか、そういう疑問がおこってくる。地名通り川尻は十王川の河口に面しているが、その流れは、筑波山とは無関係である。ところがすでに触れたように蚕影神社の近くを流れる桜川は、やがて利根川に流れ込み、その左岸に蚕霊神社（神栖市日川）が鎮座している。逆に利根川を遡り蚕影神社に到達することは、地理上容易なように見える。もし太平洋を西から東へと養蚕の技術が伝播したのであれば、利根川水系を通して内陸部の蚕影神社に達したと見るのが穏当だろう。ここで二つのことが考えられる。一つは蚕影神社側が後に、金色姫の船が漂着したのを豊浦に付会したという仮説である。もう一つは蚕影神社と蚕霊神社の関係が長い歴史の中で忘却されてしまったという仮説である。いずれにしろこれ以上のことは今のところ不明というほかはない。

三

縁起の内容について述べる。三社に伝わっている伝承は、大きく分けて二つのパートによって構成されている。前半部は、いわゆる旧仲国での継子いじめ譚である。金色姫は四つの苦難に遇い、その度に再生を果たす、そういう語りが中心であったといってよい。このような話型を探すと、『神道集』の箱根神社と伊豆山神社の縁起を語った『二所権現の事』とまったく同工異曲の筋立てである(4)。

インドのシラナイ国の大臣、源中将尹統(これまさ)には我が子がなかった。そこで観音に祈願し、美しい姫君、常在(じょうざい)御前を授かる。ところが姫君が五歳の時、母は重い病気のため亡くなる。月日が流れ、やがて父親は新しい奥方を娶った。こうして常在御前の苦難が始まる。姫君は最初、塩引島(しおひきじま)に漁師によって捨てられるが奇跡的に助かり都に帰る。奥方は、今度は屋敷の後方に土牢を造って殺そうとする。今度も義理の妹霊鷲(りょうじゅ)御前の援助によって一命を得る。三度目は旦特山(だんとくせん)の麓に五丈の穴を掘らせ、千本の剣を立て並べ姫君を落とし込む。今度は、あの世におられる母親がモグラに化けて剣を全部抜き取ってくれていた。そしてこの山の麓に狩に来ていた二人の王子によって助け出される。このように常在御前の遇う苦難は、島流し、土牢への監禁、山中への遺棄の三つである。金色姫の四つの受難には及ばないが、ほとんどその筋立ては変わらない。継子いじめのモチーフが常陸と箱根・伊豆の時空を超えて照応している。物語の最後も常在御前・霊鷲御前・父中将・二人の王子は、日本へ向けて船出し、相模の国に到着する。そういう意味では金色姫の常陸漂着のモチーフとも共通する。

後半部の語りで注意すべきは、金色姫の常陸への漂着に用いられた「ウツロ船」（ウツホ船）のモチーフである。前述したように『二所権現の事』にはこのような船の記述はない。ところが幸若舞の一つに『小袖曾我』という作品がある。いわゆる曾我兄弟の仇討ちの一挿話を語るもので、その中に箱根・伊豆権現の縁起が出てくる。そこに「昔、天竺きやうし国の有主(あるじ)をば、きんくわ大王と申(もうし)奉る。然(しかる)に、二人の姫宮(ひめみや)おはします。五つや三つの御時、母の后、崩御ならせ給(たまひ)、初めて后を供ふるに、昔が今に至迄(いたるまで)、継子、継母の中程に、うたてかりける事はなし。有(ある)時、后の宮、仕丁(じちやう)、官(くわん)人らを召て、『二人の姫宮(ひめみや)を輿に乗せ、そせうが湊(みなと)へ下(くだし)、桑の木の空船に作籠(つくりこめ)、塩満つ島の方へ流し、失へ』と有しかば…」とある。[5] 明らかにこの部分は『二所権現の事』のヴァリアントであろう。するとここにも「ウツロ船」の伝承があったことになる。

そう言えば常陸国を舞台にした説教節に『をぐり』がある。ヒロインの照手姫は、横山親子の逆鱗に触れ、小船の「牢輿」に乗せられ、沈められようとする場面がある。この「牢輿」とは、いわゆる「ウツロ船」のことであろう。これまでの話が西から東への航路をたどるものであるとすると、照手は東から西へと流れていく。

以上、『蚕影山略縁起』と『二所権現の事』を中心にその共通点について述べた。しかしながら二つの話が似ているということを述べるためにだけ考察を行ってきたわけではない。一般にウツロ船伝承は、東シナ海、南シナ海を中心に全国的に分布しているが、西日本に濃厚で、東日本は希薄である。つまりそうした海洋文化の中で右の二つの話が東日本のウツロ船伝承である点は、もっと重視しなければならない。常陸、相模、伊豆（箱根）といった海岸線に沿って広がる交通、流通といった物流の文化圏がここから見えてくるにちがいない。あるいは海流の流れによってこのようなウツロ船伝承が西から運ばれたことが想定される。

四

『神道集』の中に『正八幡宮の事』という鹿児島神宮の縁起譚が載せられている。鹿児島神宮は、かつては大隅正八幡宮とも称した。その話の概略を記す。

正八幡宮の本記に云う。宮は震旦（しんたん）国の三皇五帝、百五十七代陳大王の姫君で、大比留女御子（おおひるめのみこ）といい、七歳であるにもかかわらず男の子を出産した。人々はこれを見て、普通のことではないと不思議に思った。姫君は侍女に次のように語ったという。「どうして自分が身籠ったのかはわからない。昼寝をしている時、夢に身分の高い人が来て、懐に入り、夢から覚めてみると、日の光がわたしを照らしていた。日光は例になく柔らかくわたしの身体を包み覆った。これ以外に身に覚えのあるものはありません」。こうして三、四年後、この男子出生は人間の仕業とも思えず、皇太子であったがきっと化け物であろうと思われた。そこで「椌船」を造り、印鎰（いんやく）を持たせて母子ともどもその船に乗せ海上に押し出させた。そしてこの船の着いたところの鎮護の神となり、名を八幡御前となのれと告げた。そこでこの船の漂着した磯を八幡崎という。

以上が大隅正八幡宮の縁起譚の中心部分である。話に登場する「椌船」の「椌」は、楽器を意味するという。いわば音を出すための内部が虚ろな共鳴函のようなものを指している。したがって大比留女御子親子の乗せられたのは「ウツロ船」であったと考えてよい。とすると、東は常陸・相模・伊豆を視野に入れて、南は大隅半島、そして奄美地方へと壮大な黒潮文化圏を想定することができよう。

布目順郎（ぬのめじゅんろう）は『絹の東伝』の中で「弥生時代の長期間、北九州地方で醸成された絹文化が、はじめて本州へ伝えられたのは、おそらく弥生終末期になってからのことと考えられるが、従来は、瀬戸内海を通って大和地方へ入り、そこからさらに北上して日本海沿岸地方へ伝わっていったと考える向きが多かったようである。しかし、絹を出した古墳時代前期遺跡が日本海沿岸に多数存することがわかってきたことによって、北九州から日本海沿岸に沿って北陸にいたる伝播経路をも考えてみなければならなくなった」と述べている(6)。この布目の視座は重要で、わたしの考える絹の東伝についての考えとおおよそ一致する。布目は別のところで日本に養蚕の技術が入ってきたのは「華南の広東（かんとん）省あたりから台湾、南西諸島を経て、わが八丈島や東海地方沿岸に到達したものと考えられる」という(7)。整理すると弥生時代に華南を経由して養蚕文化が北九州に入り、一方は瀬戸内海を通り、大和、そして東国へ絹文化は到達したということになる。またもう一方は北九州からダイレクトに日本海沿岸にそって北上した絹文化もあったのである。ただし、わたしは、この場合は朝鮮半島を経由して入ってきた養蚕文化もまた想定できるように思う。

五

『物語』と、その『拾遺』を合わせると、いわゆるオシラサマに関する話が十二話載せられている。今、『拾遺』から第七七話を選んで掲げる。

> オシラ様の由来譚も土地によって少しずつの差異がある。（中略）遠野の町あたりでいう話は、昔ある田舎に父と娘とがあって、その娘が馬にとついだ。父はこれを怒って馬を桑の木に繋いで殺した。娘はその馬の皮をもって小舟を張り、桑の木の櫂を操って海に出てしまったが、後に悲しみ死にに死んで、ある海岸に打ち上げられた。その皮舟と娘の亡骸とから、わき出した虫が蚕になったという。さらに土淵村の一部では、次のようにも語り伝えている。父親が馬を殺したのを見て、娘が悲しんでいうには、私はこれから出て行きますが、父は後に残って困ることのないようにしておく。春三月の十六日の朝、夜明けに起きて庭の臼の中を見たまえ、父を養う物があるからと言って、娘は馬と共に天上に飛び去った。やがてその日になって臼の中を見ると、馬の頭をした白い虫がわいていた。それを桑の葉をもって養い育てた云々というのである。

この話の特徴は、蚕の発生に馬が関与していることである。一般に馬娘婚姻譚と呼ばれる由縁で、東北地方、それも内陸部に数多く分布している。

ところで、『蚕影神社略縁起』についてはすでに述べたが、一つ重要な点についてはわざわざ触れなかった。金色姫の遺体を櫃に入れておくと、姫君の姿は消え、その中には「小虫」、すなわち蚕が湧き出ていたという結末である。その意味では右の話と共通するモチーフがこれらにはある。女性、あるいは女神の死体が化生して新たなものが生まれてくるといった話で、神話学者、アードルフ・E・イェンゼンは、この話型をハイヌヴェレ神話と名付けた。たとえば『古事記』の中には次のような五穀の起源について述べられた神話がある。

> また食物を大気津比売神に乞ひき。ここに大気津比売、鼻口また尻より、種種の味物を取り出して、種種作り具へて進る時に、速須佐之男命、その態を立ち伺ひて、穢汚して奉進るとおもひて、すなはちその大宜津比売神を殺しき。故、殺さえし神の身に生れる物は、頭に蠶生り、二つの目に稲種生り、二つの耳に粟生り、鼻に小豆生り、陰に麦生り、尻に大豆生りき。

スサノヲによって殺されたオオゲツヒメの身体の各部位から、それぞれ蚕・稲・粟・小豆・麦・大豆が化生する。これとよく似た話は、『日本書紀』第五段一書の第十一にも出てくる。そこではツクヨミがウケモチを殺し、その頭には牛馬が、額に粟、眉に繭、眼に稗、腹に稲、陰に麦と大豆・小豆が化生したとある。また、一書の第二には、

> 時に伊奘冉尊、軻遇突智が為に焦かれて終ります。其の終りまさむとする間に、臥して土神埴山姫と水神罔象女とを生みたまふ。即ち軻遇突智、埴山姫を娶り稚産霊を生む。此の神の頭の上に蚕と桑と生り、臍の中に五　穀生れり。

とあり、ここでも女神・イザナミの死が要因となって蚕と桑が生まれてきている。このように見てくると、ウツロ舟型の蚕出現の話と馬娘婚姻型の話は、その淵源において深く相互に関わり合っていることがわかる。問題は馬が蚕の伝承においてどのようにして関わってきたのかという点である。勿論、馬娘婚姻譚の原型が中国の『捜神記』等にあるという今野圓輔の指摘を承知した上での疑問である。布目は、「蚕の頭胸部の形が、側面からみると馬の頭に似ているところから、中国の四川地方では、蚕のことを馬頭娘、馬頭孃などと呼んでいる。蚕を数えるのに一頭、二頭というのは、そこからきている」と述べている[8]。おそらく馬と蚕の結びつきは、長い歴史の中で、この二つを飼育する者が女性であったということと深い関係があるだろう。たとえば『古事記』には、次のような挿話が記載されている。

> 天照大御神、忌服屋に坐して、神御衣織らしめたまひし時、その服屋の頂を穿ち、天の斑馬を逆剥ぎに剥ぎて堕し入るる時に、天の服織女見驚きて、梭に陰上を衝きて死にき。

スサノヲが乱暴狼藉を働き、天服織女を殺してしまう話である。女神と馬と機織りとがセットになって出てくる。あるいはこの話には、女神の死体化生の部分が付随していたかもしれない。

六

ところで、韓半島には蚕の起源について以下のような話が伝えられている。

何度科挙の試験を受けても落第している儒者がいた。それでも勉強に専念し、家庭のことは顧みなかった。ある日、妻が扱きとっていた稗(ひえ)が雨で流されるのも知らずに書物を読んでいた。妻は夫に失望し、とうとう家から出て行ってしまった。儒者は自責の念にかられながらも懸命に勉強し、ついに科挙に合格した。儒者は、ある郡の長官として赴任する途中、今でも稗を扱いでいる妻を発見した。儒者は一束の銭を妻に投げてやった。妻は、家を出て別の男と再婚したことを後悔し、儒者の前に身を投げ出し、死んでしまった。儒者が遺体に手をかけると、それは蚕に変じて、空から「死んでからでもあなた様の身に添いたいので、あなたにまとってもらうために蚕になります」という声が聞こえた。(『忠清北道　民譚民謡集』)

儒教臭のある話であるが、それを除いてしまうと、この起源説話が馬娘婚姻譚の類型であることがわかる。馬は登場しないが、『物語』のそれが馬の皮に包まれて姿を消すのと、前妻が蚕に変じ元の夫の身を包む衣になるのは、同じモチーフであるといってよい。

また、すでに引用した『古事記』のオオゲツヒメの身体の各部位から五穀や蚕が化生してくる話のところで、『日本書紀』のウケモチについても触れた。ところで、この化生神話には『古事記』に出てこない牛馬が含まれていることに注意しよう。また、日本思想大系の『古事記』（岩波書店）の補注には次のようにある。「またウケモチの例だけは身体部位と生じた牛馬や穀物の名称の間に、朝鮮語の音の対応関係が認められ、朝鮮語の理解できる人が筆録したらしい」という金沢庄三郎の説を紹介している(9)。

このように考えると、大陸の北方系の馬匹文化の影響を受けた朝鮮半島の養蚕技術が、一つはヤマト経由で入り、もう一つはダイレクトに日本海ルートを北上していった養蚕文化もまたあったのである。それは南方系のウツロ船伝承とは異なり、東北の内陸部に入り、この地の馬の飼育の生業形態と結びついたと想像される。それは具体的には東北に濃厚に分布しているオシラサマの信仰を生んだのであった。

さて、それではオシラサマとはどのような意味であろう。おそらく「オ」は「御」、「サマ」は「様」にちがいない。問題は「シラ」ということになる。このシラ・あるいはシロについては、柳田をはじめ、多くの先行研究がある。もっとも新しいところでは、宮田登の論で、奥三河の花祭における「白山」（シロヤマ）の事例を引き、人々や世界が白という色の呪力によって「生まれ清まる」ものと指摘している(10)。いわば擬死再生の儀礼が花祭の「白ヤマ」の象徴的な意味であるというのである。

また、「蚕」（カイコ）は、「殻子」（カイコ）の義で、古代ではもっぱら「コ」と呼ばれており、次のように認識されていた。

ここに口子臣、またその妹口比売、また奴理能美、三人議りて、天皇に奏さしめて云ひしく、「大后の幸行でましし所以は、奴理能美が養へる虫、一度は匍ふ虫になり、一度は鼓になり、一度は飛ぶ鳥になりて、三色に変る奇しき虫あり。この虫を看行はしに入りまししにこそ。更に異心無し」といひき。(『古事記』仁徳天皇条)

蚕の生態を言ったもので純白の「殼」に籠り、それを喰い破り新たな生命体として復活してくる蚕のそれに、古代人は神秘的な呪力を感じていたのである。

つまり、繭の白さがシラであり、まったく異なる這う虫から飛ぶ鳥(蛾)に変じて出現する再生力がシラであった。そして、やがて福井・岐阜・石川の三県にまたがる白山に鎮座する白山比咩神社に対する信仰と習合していくことになる。白山は、すでに『万葉集』に歌われているが、そこではハクサンではなくシラヤマである。

栲衾之良山風の寝なへども子ろがおそきのあろこそえしも(巻十四・三五〇九)

白山比咩神社に祭祀されている主神は、菊理媛命で、穢れを祓う女神であった。東北のオシラサマが肉食や穢れを極端に嫌うのは、このシラヤマの信仰がその底流にあるためであった。

附馬牛村の竹原という老爺、家にオシラ神があったのに、この神は物咎めばかり多くて御利益は

> 少しもない神だ。やれ鹿を食うなの肉を食うなのと、やかましいことを言う。おのれここへ来て鹿を喰えと悪口して、鹿の肉を煮る鍋の中へ、持って来て投げ込んだ。そうするとオシラサマはたちまち鍋より飛び上がって炉の中へ落ち、家の者は怖れて神体を拾い上げて仏壇に納めた。後にこの家の焼けた時にも、神は自分で飛び出して焼けず、今でも家に在ると、その老人の直話を聞いた者の話である。気仙の上有住村の立花某、家にオシラサマがあって鹿を食えば口が曲がるという戒めがあるにもかかわらず、その肉を食ったところがはたして口が曲がった。とんでもない事をする神様だと、怒って川に流すと、流れに逆らって上って来た。これを見て詫びごとをして持ち帰って拝んだけれども、ついに曲がった口はなおらなかった。（『拾遺』第八一話）

この話にあるようにオシラサマはある意味では懲罰的な、祟り神であった。白山信仰の生まれ清まりの再生観の中に汚穢を禁忌とする観念が生まれたのである。時代を下ると白山信仰は観音信仰と習合し、さまざまなオシラ神の信仰形態を生み出していったが今は触れない。

以上のように日本の養蚕文化は華南周辺から太平洋を通して伝播したウツロ船型と中国から韓半島を経由して伝えられた大陸の馬匹文化と結びついた信仰がダイレクトに福井周辺に伝播し、東北を北上していったと考えられる。『物語』の馬娘婚姻譚はまさにそのような養蚕文化の産物であったと言えよう。

終わりに

絹の東伝について二つの文化の流れがあったことを述べてきた。しかし、それでオシラサマの問題が解決するかというと、そうはいかない。北海道の沿岸にはリマン海流という潮の流れがある。そして、オシラサマには、身体の頭部が露出した「貫頭型」と身体に着せた衣を胴体と共に頭部まで包む「包頭型」の二種がある。後者の方が時代的には新しいと思われるが、このような形態は、いわゆる「オシラ遊ばせ」とは、本来関わらない別の祭具であった可能性があろう。

なぜかと言えば、たまたま山形県中山町の歴史民俗資料館を見学する機会を得た時のことである。そこで今はほとんど亡びてしまった「オナカマ」という巫女の資料に出会った。岩屋十八夜観音(いわやじゅうはちやかんのん)を祭祀する巫女の民俗である。彼女たちが使用した「トドサマ」と呼称される両手に持つ神降ろしの祭具はまさにこの包頭型のオシラサマそのものであった。そして彼女たちが身に付けていた「イラタカの数珠」の中心には獣の牙が統べられていた。明らかに北方の信仰が入っていると感じた。しかもこのカミは眼病に大きな効能があったという。『拾遺』第七八話でも、オシラサマがまた「眼の神としても女の病」としても信仰されていた。

つまり、北の海流に乗ってやって来たまったく養蚕とは無縁な文化がこのカミの背後には習合していたのである。

注

（1）『新編常陸国誌』常陸書房、一九六九年十一月。
（2）・（3）両縁起は簗瀬一雄『社寺縁起の研究』（勉誠社、一九九八年二月）のテキストを用いた。
（4）『神道集』神道大系編纂会、一九八八年二月。
（5）『小袖曾我』（麻原美子・北原保雄校注『舞の本』（新日本古典文学大系）所収）岩波書店、一九九四年七月。
（6）布目順郎『絹の東伝―衣料の源流と変遷―』小学館、一九八八年五月。
（7）（6）に同じ。
（8）（6）に同じ。
（9）青木和夫・石母田正・小林芳規・佐伯有清校注『古事記』（日本思想大系）岩波書店、一九八二年二月。
（10）例えば宮田登『ケガレの民俗誌―差別の文化的要因』（人文書院、一九九六年二月）など。

オナカマのこと

居駒　永幸

山形盆地の村山地方では盲目の口寄せ巫女のことをオナカマと呼ぶ。三十年あまり前、私は山田ヨシノさんの神おろしを見た。中山町の山間に、すでに廃村になった岩谷村があった。山を下りた村人はただ一つ、十八夜観音堂だけは大切に守っていた。八月十八日の祭礼の時、この十八夜様を本尊とする山田さんが口寄せをした。

山田さんは長い数珠をジャリジャリと揉みながら、何かを唱えた。依代のトドサマを箱の前で遊ばせるその両手の動きに、何か不思議な緊張感があった。私は、ああ、これが神おろしなのか、と納得した。

両脇のおばあさんが山田さんに問いかけると、託宣の言葉を伝えた。後ろに立って聞いている私には、声は聞こえるが、何を言っているのかわからない。すると、隣のおばあさんが後ろの農家の男たちに向かって、「十一月の北の風に気つけろど」と教えた。「十一月の月、北の風にさわりがあるとみえる」と言ったのかと、私はようやく理解した。この時、いくつも託宣をしたが、「とみえる」という終わり方だけはいまも耳に残っている。あれは神の言葉の形だったのかと、いま振り返る。

永藤靖先生は中山町の歴史民俗資料館を訪れた時、トドサマとオシラサマの共通性に注目している。岩谷十八夜観音は眼病の神でもあるが、『遠野物語拾遺』第七八話に、オシラサマを眼の神と記す点に両者の重なりを見出し、養蚕とは無縁な文化が北の海流に乗って伝播し習合したことを指摘した。この壮大な構想が東北の民俗世界の深層を知る上で新たな視点になることは間違いない。

眼病平癒を祈願するために奉納された絵馬（中山町立歴史民俗資料館 所蔵）

トドサマ（上）とイラタカの数珠（下）（中山町立歴史民俗資料館 所蔵）

『遠野物語』の「長者屋敷」について

一

『物語』および『拾遺』には、長者伝説と呼ばれる一連の物語が散見される。これらは遠野地方独自のものではなく全国的に分布する話型であった。『物語』第七五話と第七六話をとりあげる。

離森（はなれもり）の長者屋敷にはこの数年前まで燐寸（マッチ）の軸木の工場ありたり。その小屋の戸口に夜になれば女の伺ひ寄りて人を見てげたげたと笑ふ者ありて、淋しさに堪（た）へざるゆゑ、つひに工場を大字山口に移したり。その後また同じ山中に枕木伐出しのために小屋を掛けたる者ありしが、夕方になると人夫の者いづれへか迷ひ行き、帰りて後茫然としてあることしばしばなり。かかる人夫四、五人もありてその後も絶えず何方へか出でて行くことありき。この者どもが後に言ふを聞けば、女が来てどこへか連れ出すなり。帰りて後は二日も三日も物を覚えずといへり。（『物語』第七五話）

長者屋敷は昔時長者の住みたりし址（あと）なりとて、そのあたりにも糠森（ぬかもり）といふ山あり。長者の家の糠を捨てたるがなれるなりといふ。この山中には五つ葉のうつ木(ぎ)ありて、その下に黄金を埋めてありとて、今もそのうつぎの有処(ありか)を求めあるく者稀々にあり。この長者は昔の金山師なりしならんか、このあたりには鉄を吹きたる滓(かす)あり。恩徳(おんどく)の金山もこれより山続きにて遠からず。(『物語』第七六話)

第七五話は、昔、長者屋敷のあった離森に燐寸の軸木を作る工場があった。ところが夜中になると小屋の戸口ににじり寄って内を伺い、げたげたと笑う女が現れることが続いた。なんとも淋しさがつのり、ついに堪えかねて工場を大字山口に移したという。その後、そこには枕木伐採のため人夫を集め小屋がけをする者があった。ところが夕方になると人夫が忽然と消える。翌日戻ってくると魂を抜かれたように茫然自失の状態だった。このようなことがくる日もくる日も続き、後にわかったことであるが女が人夫をどこかに連れ去るようであった。

ここに出てくる女はいかなる存在であったか。『物語』は説明をしない。夜中に徘徊し、男たちを連れ出すのはいわゆる普通の女ではない。男たちが二、三日仕事が手につかなかったことを考えると、男と女の間には性的な交渉があったことが想像される。もし、この女が人間ではなく魔性の物であったとすれば、それは昔の長者伝説につながっていくのかもしれない。長者の繁栄と没落から生まれた女に対する幻想であったと考えられる。(なおこの点については後に再度触れる)。

第七六話は、第七五話の長者伝説よりもいっそう話が具体的になっている。「糠森」という地名は、この長者の性格を示している。「糠」はここでは米糠のことで、山のような糠が毎日この屋敷から出たことを語っている。つまり、それほど多くの米を消費する人々を雇い入れていたことになる。

ところで、「糠」のつく、「糠塚」、「糠山」、「糠岡」、「糠前」といった地名は全国に分布している。すでにこれらの地名は古代においても見られ、たとえば『播磨国風土記』宍禾郡条の「稲舂岑」地名由来伝承に「大神、この岑に舂かしめたまふ。故れ、稲舂の前と曰ふ。その粳の飛び到りし処を、すなはち粳前と号く」とある。また神前郡の「粳岡」の条に「伊和の大神と天の日桙の命と二はしらの神、各 軍を発して相戦ひましき。尓時、大神の軍、集ひて稲を舂きき。その粳、聚りて丘と為りき」といった地名起源説話が載せられている。伊和の大神と天日桙の命の戦いは、ここでは詳細は省くが鉄をめぐっての争いであった。つまり、この「粳」は鉄滓のことであると言われる。

このように見れば、遠野の長者屋敷の伝承も、かつて長者がいたという幻想の底に遠野の鉄や金の発掘にまつわる記憶があって、それがまことしやかな歴史の一齣として語られたのであった。

その証拠に、五つ葉のうつ木の下に黄金を埋めたという金属伝承があり、どうやらこの長者は「金山師なりしならんか」と想像されている。また「このあたりには鉄を吹きたる滓あり。恩徳の金山もこれより山続きにて遠からず」と書かれていることからも、そうした幻想によって長者伝説が成立していることがわかる。

二

ところで柳田は、日本の伝説研究にも早くから眼を注ぎ、昭和二十五年（一九五〇）に『日本伝説名彙』を刊行した。そこで、伝説を分類配列するために次のような項目を立てている。「木の部」「石・岩の部」「水の部」「塚の部」「坂・峠・山の部」「祠堂の部」という六項目で、その下に細かい第二分類をほどこしている。そこで今問題としている「長者屋敷」の伝説は、どこに入るのかが私にとっては興味深いことであった。するとなんと、「坂・峠・山の部」の第二分類に「屋敷・城跡」が出てくる。

おそらく西欧の伝説であれば、人間によって造られた建造物や廃墟、あるいは実在、もしくはそう信じられる人物、そしてその人物と結びついた物がモチーフの中心になるであろう。柳田の分類の特徴は、ヨーロッパのように人間と結びついたものではなく、木や水や石や坂、そして山といった自然がモチーフの中心に置かれている視点から分類が行われていることがわかる。

それは日本と西欧の文化の差異であろうが、柳田のように「屋敷」の伝説を山と結びつけて語る時、伝説はどのような様相を呈しているのであろうか。

『拾遺』第一三三話は、長者の栄華をきわめた時期をその前半部に描いている。上郷村大字板沢の太子田に仁左衛門長者と呼ばれる者があった。また佐比内には羽場の藤兵衛という長者がいた。ある時、この羽場の藤兵衛が、おれは米俵を横田の町まで並べてみせると言った。それを聞いて仁左衛門は、それならおれは小判を町まで並べて見せようと言った。いわゆる全国に流布する長者の財産較べの話である。

ところが話の後半部は次のように述べられている。これほど豪勢な仁左衛門であったが、「やはり命数があって」一夜のうちに没落してしまった。ある年の春、苅敷を刈らせに多くの若者を持山へ馬を引かせて出した。先立ちの馬が五、六町も離れた切懸長根まで行っているのに、まだ後の馬は厩から出あげなかったという。ところが山に入り、苅敷を切らぬうちに大雨になったので、若者どもは空馬（からうま）で帰って来た。これを見て仁左衛門は怒り、若者どもを山にひき返させた。しかし大雨では山に行かれぬため大平（おおでえら）の河原に馬をつないでその夜は近所で一泊した。ところが次の朝、河原に出て見てみると一晩の大水によって馬は一頭残らず流されていた。これがきっかけとなり仁左衛門は没落していったという。

長者の栄枯盛衰にも「命数があって」悲劇的な結末を迎える。このような長者没落譚は、『物語』第一八〜二〇話にも記されている。山口孫左衛門という長者の没落の顛末は、ザシキワラシがこの家を去ったこと、男どもが主人の制するのも聞かずに多くの蛇を殺したこと、これらが凶事の予兆であった。その後、図らずも毒茸を食べ、七歳の少女を除いて家内の者は死に絶え、家財全部が持ち去られたという。

おそらくザシキワラシがいなくなったという説明は、没落を説明する後からの付会であろう。あるいは蛇の殺生もこれを合理化するために結びつけられた話である。それにしても『物語』も『拾遺』も、なぜこれほど熱心に、また勢力的に長者の没落を語るのであろうか。ほとんどの長者は実在のように語られているが、それは伝承のレベルで生成された話で、架空の人物でしかない。

つまり長者はいるのではない。かつていたと信じられる人物である。あるのは「離森」、「糠森」と呼ばれるような山であったり、「五つ葉のうつ木」だったりする自然によって長者がかつていたことが保証さるのである。逆から言うと、この世に永遠なるものはない。あるとすれば自然であった。その自然を前にして人々は滅びていった長者に、繁栄に対する羨望と、また滅びへの共感を感得するのであった。滅びという運命によって長者伝説は、はじめて存在するのである。

このように考えると、柳田が長者伝説を「山」という自然において分類していることは興味深い。西欧の伝説がむしろ時間というものに抗いながらたとえば廃墟においてさえこれが語られていく。ここに日本と西欧の大きな相違があった。

交易する『遠野物語』

はじめに

柳田の著した『物語』についで、その続編として『拾遺』が編纂されている。このテキストの成立の経緯は、それまでと同じく喜善が柳田の許に、採集した話を送りつけてきたものを元にしていることには変わりはない。柳田は、『物語』の刊行後、時を移さずその続編として、これを世に問う意欲を持っていたらしい。しかし、その分量が膨大であったことから、その整理に手間取っている間に、喜善の『聴耳草紙』（一九三一年）が出版され、その情熱が急速に削がれたらしい。残された未整理の原稿の大半は、その弟子である鈴木棠三（とうぞう）によって受け継がれ、現在のテキストが成立したといわれている。『物語』に対し、『拾遺』の文体は著しく劣るけれども、その内容は豊富であり、柳田が密かにこれを「広遠野譚」と呼んでいたことから考えて、『物語』と同様の世界がそこに展開されていることは間違いない。

ただ『拾遺』には、江戸末期から近代期に入る遠野の社会の現状を反映した話が数多く収録されており、それが『拾遺』の性格を決定づけ、『物語』にはない遠野の現実をリアルに表現しているように見える。本論は、そうした遠野の社会的状況を、二、三の話を中心に分析しようと企図されたものである。

具体的に言えば『拾遺』には〈交易〉をモチーフとした話が数多く収録されている。〈交易〉ということばは、一般には国あるいは共同体の間で行われる物品の移動をともなった経済的行為を意味する。市場社会においては、供給側と需要側が存在し、貨幣によって〈交換〉が行われる。しかし〈交易〉にはこのような市場社会において成立するものだけであるとは限らない。少なくともこの〈交易〉は営利的な経済行為を目指すけれども、非市場社会の中心にある〈交換〉は、非営利的であり、時に儀礼的でさえある。そこで〈交換〉されるものは、勿論、物が中心であるけれども物と呼び得ないもの、すなわち人であったり、労力であったり、幻想であったりする対象にまで広がっている。そのような非市場社会の〈交易〉を認めるとまさに『拾遺』の世界は多彩な〈交換〉がさまざまな形で表現されている。こうした〈交易〉の世界から『拾遺』に新しい読みの可能性を提示したい。

一

『拾遺』の第一〇〇話に、次のような話がある。

青笹村の某という者、ある日六角牛山に行ってマダの木を剥いでいると、出し抜けに後から呼ぶ者があるので、驚いて振り向いて見ればたけ七尺もあろうかと思う男が立っていて、自分の木の皮を剥ぐのを感心して見ていたのであった。そうしてその木の皮を何にするかと訊くから、恐る恐るその用途を話してきかせると、そんだらおれも剥いですけると言って、マダの木をへし折り皮を剥ぐこと、あたかも常人が草を折るようであった。たちまちにして充分になったので某はもうよいというと、今度は大男、傍の火であぶっておいた餅を指ざして、少しくれという。某はうなずいて見せると、無遠慮に皆食うてしまった。そうして言うことには、ああうまかった。来年の今頃もお前はまた来るか。もし来るならおれも来てすけてやろうから、また餅を持って来てくれと言った。某は後難を恐れてもう来年は来ないと答えると大男、そんだら餅を三升ほど搗いて、何月何日の夜にお前の家の庭に出しておいてくれ、そしたらお前の家で一年中入用だけのマダの皮を持って行ってやるからと言うので、それまでも断わりきれずに約束をして別れて来た。その翌年の約束の日になって、餅を搗き小餅に取り膳に供えて庭上に置くと、はたして夜ふけに庭の方で、どしんという大きな音がした。翌日早朝に出て見れば、およそ馬に二駄ほどのマダの皮があって、もうその餅は見えなかったという。この話は今から二代前とかの出来事であったというが、今の代の主人のまだ若年の頃までは、毎年の約束の日に必ずマダの皮を持って来てくれたものであった。それがどうしたものかこの三十年ばかり、いくら餅を供えておいても、もうマダの皮は運ばれないことになったという。(『拾遺』第一〇〇話)

この話の次に出てくる第一〇一話も同工異曲の内容である。概略を述べると、ある男が山に行く途中で一人の大男と道連れになる。大男はしきりにお前の背負っているものは何か、といって、弁当に持ってきた餅を気にして、これをなぶりたがったという。餅だと知ると少しでいいからくれとねだった。分けてやると「お前の家でははや田を打ったか」とたずね、まだだと答えると「そんだら打ってやるから何月何日の夜、三本鍬といっしょに餅を三升ほど搗いて、お前の家の田の畔（くろ）に置け」と言ったという。そこでそうすると田は、いかにもよく打っておいてくれたが、田は一面、仕切る畔の区別もわからぬようになっていたというのである。その後、この男は山に行くたびに大男に餅をねだられたという。そして「おれはごく善い人間だがおれの嬶（かかあ）は悪いやつだから、見られないようにしろ」とたびたび語ったというのである。

以上、この二つの話は、何を語ろうとする話なのであろうか。

『物語』には、これまで多くの研究者が指摘しているように〈里〉と〈山〉の世界が、対立的、対峙的な構造をもって語られてきた。そのようなフレームの中でこれらの話を読めば、ここにもそうした〈里〉と〈山〉の世界がきわやかに描かれている、といってよいだろう。たとえば、ここに出てくる「餅」は、〈里〉が生み出す象徴的な食物であり、また財でもある。これに対して「マダの木」は、〈山〉の生産する産物であったといってよい。「マダの木」は、シナの木のことで、この樹皮から織られたものが級布（まだぬの）である。級布は、一般には衣類には適さないが、帯等に用いられるという。ただし、遠野の特殊な環境から言えば、衣類のほかに、馬の腹掛け、あるいは綱や漁網等に用いられたものと思われる。

またこの話で重要な点は、里の人間に対して山の住人が大男であったことである。しかもこの大男は里人にない人並はずれた怪力を持っていたことである。その力によって瞬く間にマダの木を折りとり、皮を剥いだ。つまりここには山男の過剰な労働力の提供が「すける」ということばで語られている。

このような語りは第一〇一話でも同様である。里人の餅の贈与に対して、山男の田を打つという労働力の提供が行われている。勿論、「田」は、里を象徴する空間であり、「餅」の原材料である稲が生産される場所であった。とすると、餅と山のマダの木の交換、あるいは、それを採集するための労働力との交換、そして餅と田を打つという労働行為との交換の間には、ポランニーのことばを借りれば経済的な互酬性（reciprocity）が成立していることになろう[1]。とすれば、ここにあるのが単純な交換ではなく、このような互酬的な関係を生み出しているのは、なぜなのであろうか。

二

この話で、見逃してはならないのは、里人の山男に対する特殊な姿勢、あるいは感情である。第一〇〇話には里人の山人への心理が「恐る恐るその用途を話してきかせると」とあり、「後難を恐れて」とある。あるいは「それまでも断わりきれずに約束をして」といった描写がなされていた。ここには山人へのある種の恐れの感情、畏怖の思いが揺曳している。それは「七尺もあろうかと思う男」（第一〇〇話）あるいは「一人の大男」（第一〇一話）という表現にもよく表れている。対象を異形の者として見る心理が、このような身体的イメージを生み出したのであった。これは『物語』においても共通する観念であり、第九二話には「丈の高き男の下より急ぎ足に昇り来るに逢へり。色は黒く眼はきらきらとして」と山人と里人の身体的差異が強調されて描かれている。

これに対して、第一〇一話では、「（餅を）分けてやると非常に悦(よろこ)んで」とあり、「おれが行って田を打ってくれると言うので、某も面白いと思うて承知した」とある。また「友だちになったので山へ行くたびに、餅をはたられるには弱った」とも記されている。どこか山男を憎めない、それでいて里人が山男を軽く見ているところがある。第一〇〇話が畏怖の感情をより強く表現しているとすれば、第一〇一話は、山男を軽々しくあつかうある種の蔑視の感情、山男に対する優越感が漂っているように見える。こうした侮蔑的感情は、『物語』の第三話ではより露骨に描かれている。「不敵の男なれば直に銃を差し向けて打ち放せしに弾に応じて倒れたり」と、猟師は出会った山男の女を躊躇せずに撃ち殺している。この事件が猟師の幻想であるのか、あるいは夢であるのか、つまり、そのようなことが本当に起こったのかということは、この際、問題ではない。むしろ山男に平気で銃を向ける、あるいは殺してもよいという観念に、自分たちとは異なる異形性、また差別観が見てとれよう。そこには山人が自分たちと異なる種類の者であるという確固たる認識があったように見える。

おそらくこのようなアンビヴァレントな感情こそが里人が山男に抱いたものであった。そしてお互いが属する世界が異なっている、そういう二元的世界観が、ポランニーのいう対称的な財の移動がなされる互酬性を帯びた交換の話を紡ぎ出しているのである。

ところで第一〇〇話の語り口には奇妙な箇所がある。「その翌年の約束の日になって、餅を搗き小餅に取り膳に供えて庭上に置くと、はたして夜ふけに庭の方で、どしんという大きな音がした」とマダの皮が運ばれてきた場面が描かれている。双方はことばをかけることもない、否、姿を見るわけでもない。つまり両者は意識的にこれを避けて、互いに接触することなくマダの皮と餅が交換されているのである。しかも里人の餅を供える、まさに「膳に供えて庭上に置く」とは、人に向かってなされる行為とは思われない。それは神に向かって供え、祭祀する行為に酷似している。異形のものという点では、神もまた人間とははるかに遠く隔てられた存在である。そこに意識的に互いに忌避する沈黙による交換が成立していた、そのようにこの話は語るのである。しかも興味深いのは第一〇〇話も第一〇一話もこの交換がなされるシチュエーションが夜であったことである。このような接触を避けて一対一の関係において成立する互酬行為が、人目を避けて行われたのは当然のことであった。

三

沈黙による交換、こうした現象は、一般には「沈黙交易」(silent trade)と呼ばれ、世界各地にあったことが民族誌によって報告されている。一般的な形態は、決められた場所に交換したい物品を置き、合図をして姿を隠すと、今度はその取引相手がその物品と等価と思う物品を置いて姿を消す。はじめの者が再び現れて相手の置いた物品が気に入ればそれを持って姿を消す。こうして交換が成立することになる。ポランニーはこうした交易に始源的な経済行為を発見し、そこに重要な意味を見つけた。サーリンズはこのような理論を発展させて、この沈黙交易にある互酬性を均衡的互酬性と名付け、受け取ったものと同等のものを、決まった比較的短い期間に返還する、いわゆるギブ・アンド・テイクの行われる経済的行為であるとしている(2)。

ところで、『物語』にはこうした均衡的互酬性を持った沈黙交易を示唆する水準の話とは異なる別の話を収載している。その一例を挙げる。

小国の三浦某といふは村一の金持なり。今より二、三代前の主人、まだ家は貧しくして、妻は少し魯鈍なりき。この妻ある日門の前を流るる小さき川に沿ひて蕗を採りに入りしに、よき物少なければしだいに谷奥深く登りたり。さてふと見れば立派なる黒き門の家あり。いぶかしけれど門の中に入りて見るに、大なる庭にて紅白の花一面に咲き鶏多く遊べり。その庭を裏の方へ廻れば、牛小屋ありて牛多くをり、馬舎ありて馬多くをれども、いつかうに人はをらず。つひに玄関より上りたるに、その次の間には朱と黒との膳椀をあまた取り出したり。奥の座敷には火鉢ありて鉄瓶の湯のたぎれるを見たり。されどもつひに人影はなければ、もしや山男の家ではないかと急に恐ろしくなり、駆け出して家に帰りたり。この事を人に語れども実と思ふ者もなかりしが、またある日わが家のカドに出でて物を洗ひてありしに、川上より赤き椀一つ流れて来たり。あまり美しければ拾ひ上げたれど、これを食器に用ゐたらば汚しと人に叱られんかと思ひ、ケセネギツの中に置きてケセネを量る器となしたり。しかるにこの器にて量り始めてより、いつまで経ちてもケセネ尽きず。家の者もこれを怪しみて女に問ひたるとき、始めて川より拾ひ上げし由をば語りぬ。この家はこれより幸福に向かひ、つひに今の三浦家となれり。（中略）（注　ケセネは米稗その他の穀物をいふ。キツはその穀物を容るる箱なり。大小種々のキツあり）（『物語』第六三話）

いわゆるマヨイガと呼ばれる山中の理想世界を描いた話である。ある時代の一般民衆が描いた理想世界、桃源郷的な世界像がいかなるものであったかがよくわかる。たくさんの鶏、牛、馬、そして紅白の花の咲き乱れる広い庭、立派な門を構えた屋敷、それらは、富の象徴であり、理想世界であった。そして、何よりもそこにある膳椀こそがこれら全体を表す富の象徴であった。なぜなら一つの村落でこのような「晴れ」の機会に用いる膳椀を所有している裕福な家は、選ばれた一、二の家に限られていた。一般の庶民は、おそらく冠婚葬祭の折には、そうした富める家から朱と黒で塗り分けた漆の膳椀を借用して人寄せを行っていたのである。つまりマヨイガの幻想は、現実世界の反映であったといってよいだろう。椀を借りるという行為が、ここでは少々魯鈍の女を通して、逆に贈与される、そういう筋立てを生み出しているのであった。いわゆる椀貸し伝説と呼ばれる由縁である。

柳田は『一つ目小僧その他』（一九三四年）の「隠れ里」の中でこの椀貸し伝説と沈黙交易の問題について言及している[3]。ただ注意しなくてはいけないのは、ここには物の交換という対称的な双方向性の性格はない。一方的に椀はこの女に贈与されているにすぎない。

すでにサーリンズの均衡的互酬性については触れたが、彼は、このほかに二つの異なる類型を持った互酬関係について述べている。一つは一般的互酬性であり、もう一つは否定的互酬性（この点については末尾の補遺で述べる）である。このうちの一般的互酬性は、一方的に与えるだけで返礼を要求しない。あるいはばくぜんと期待されている関係をいう。たとえば母の子への愛情、あるいは首長の民衆に富を再分配するような関係である。その意味ではこの関係は、一種の純粋贈与といってもいい。第六二話の魯鈍な女に与えられる椀の話は、まさにこの一般的互酬性にあたろう。一方的にマヨイガの側が彼女に椀を贈与しているからである。

四

このようにみてくると、これら右にとりあげた話は、単なる素朴な民話あるいは物語としてのみ読むことは許されない。その外面は遠野地方において語られた民話風の世界であるけれども、じつはその裏にはこの地方の特殊な経済的な状況があり、そのような社会がこのような話を紡ぎ出していることを見逃すべきではない。

第一〇〇話に戻る。この話の主人公が山に入り、マダの皮を剥いだ時節については、物語は何も語ってはいない。しかしマダの皮（シナの木の皮）を剥ぐには、一般的には樹皮が水分で潤っていなければうまく剥ぐことができず、梅雨時の晴れ間を選んでなされると言われる(4)。つまりこの話の語り口からもわかるようにマダの皮と餅の交換は、選ばれた期日、年一回行われていたのである。後の沈黙交易として山男が庭に運び込んでくるのも同様で、年一回の約束事であった。おそらくこの主人公は、それまで来る年も来る年も、同じ時節に山に入り、営々とこのマダの皮を剥いできたのである。大げさに言えば東北のこの一帯は縄文期以来、このマダの布を身に纏うために山に入り、マダの皮を剥いできたのであった。（『拾遺』第一三八話には、遠野地方でもっとも古い草分けの家の始祖伝承が語られている。その者は大鷲にさらわれ、絶壁に取り残されたけれども、着ていたマダの下着を裂いて綱とし、川の流れに下り立つことができた。そして通りかかった鮭の背に乗って遠野に入ったという伝承がある。ここではマダの繊維は、この家の始祖を救う聖なるものであった）。

梢に向かって一気に樹皮を引き剥がされたマダの木は、痛々しいほど白く、それは山の恵み、否、精霊の宿った聖なるものに見えたのである。いわば山の精霊の力をもらい受けて身に纏う、あるいはそれを使うといった感情がそこにはあった。山男のために庭上において餅を供えるという記述は、まさにそうした山の精霊をもらい受ける、その返礼としての、あるいは祀るという行為を表していよう。あるいはこう言い換えてもいい。里人から山男への餅は〈供物〉であり、山男からのマダの皮は〈貢物〉であると。

したがってそのマダの皮は、餅と交換される〈モノ〉ではあるけれども、〈商品〉ではない。第一それは、餅も同様であるが——餅は神の依代であることでマダの皮と同値である——流通するような品物ではなかったのである。言い方を換えれば山男は山のその時期の初穂としてマダの皮を里人に送りこんだのであった。

すでに筆者は、本書冒頭の「〈異界〉から遠野物語を読む」で江戸末期から明治期における遠野の経済的状況、社会的環境について述べた。詳細はその論に譲るが、概略すると遠野では六度市という流通経済の商業施設が発達し、三陸海岸と内陸部の諸領との中継地の機能を果たしていた。最初は農業生産物と三陸海岸の「五十集物(いさばもの)」と呼ばれる海産物の交易が中心であったけれども、後には全国の産物が釜石港に陸揚げされ、この「六度市」を通って流通していったのである。またそうした交易によってこの地方の人口が増加し、そこでは慢性的な米不足がおこったという。そうした穀類もやはりこの六度市に集められ、いわゆる駄賃付けと呼ばれる馬による輸送が発達したのである。遠野が、その盆地の周辺部に広がる山々の裾野で、馬匹の生産が行われていた土地であることは周知である。馬売買の市が立ち、遠野地方は、町場に限らず農村部もまたこの経済的な流通のシステムに巻きこまれずにはいなかったのである。鈴木久介によれば、まさに「銭なしでは一日とて暮らせない」、そういう消費経済の渦中に遠野はあったといってよい(5)。（我々は『物語』の序文に掲げられた「願はくはこれを語りて平地人を戦慄せしめよ」という有名なフレーズにまどわされてはならない。遠野はかつて草深い片田舎であったことなどは一度もなかったのである。そこにあるのは物流の集散が繰り返される、一地方都市であった）。

消費経済において市で流通していくものは、〈商品〉の目的で生産されたものである。つまり自家消費されるために自然からとり出されたものではない。合目的的に利潤を生み出すために生まれた〈商品〉であった。そこでは不特定多数のものによってこの〈商品〉が供給され、売買され、そして需要側に流通していくのである。そこでは〈商品〉の移動が問題なのであって、供給と需要の間に介在するのは両者の納得のいく価値、すなわち貨幣であった。モノを生産する人とそれを消費する人の間には、〈商品〉の価値以外には結びつけるものはない。その必要もなかったのである。そこでは、モノを作り出す人間は疎外され、ということはモノもまた本来の聖性を喪失している。『物語』および『拾遺』は、いわばそうした世界に対するものとして語られているのである。マダの皮も餅も、そして魯鈍な女に贈与された椀も〈商品〉ではありえない。そこにあるのは始源的な交易であり、聖なるモノが互酬によって交換されていく閉じた世界である。あるいはマヨイガという幻想の空間が天与のものとして、与えたモノがここにはあった。三浦家がどのような経済的活動によって富を得て、富豪となったか、そのようには、物語は語らないのだ。否、語ることを拒否しているのである。経済的生活ではなくて、〈山〉の恵みとして、それは「魯鈍」という聖なるスティグマによって選ばれた者が得られる贈与として語るのである。

結論を言うと、我々は一見すると、素朴とも思われるこれらの物語の背後に、遠野の厳しい現実世界が埋め込まれており、その倒立的世界を表す意図が隠されていることを忘れてはならない。

五

またこのマヨイガの話と対をなすような興味深い話がある。

小友村鮎貝(あゆかい)の某という者、ある日遠野の町へ出る途中で、見知らぬ旅人と道連れになった。その旅人はそちこちの家を指ざして、この家はどういう病人があるとか、あの家にはこんな事があるとかいろいろの事を言うのが、皆自分のかねて知っていることによく合っているので、某は心ひそかに驚いて、おまえ様はこの路は始めてだというのに、どうしてそんな事までわかりますかと聞くと、なにわけはない、おれはこういう物を持っているからと言って、ごく小さな白い狐を袂(たもと)から取り出して見せた。そうしてこれさえあれば誰でも俺のように何事でもわかるし、また思うことが何でもかなうというので、某は欲しくてたまらず、いくらかの金を出してその小狐の雌雄を買い取り、飼い方使い方をくわしく教えてもらったという。それからこの人は恐ろしくよく当たる八卦置きになった。始めのうちは隣近所に行って、今日はこっちのトト（父）は浜からこれこれの魚を持って来る。浜での価はいくらだから、持って来て幾らに売れば儲かるというようなことを言っていたが、それが的中するのでおいおいに信用する人が多く、自分もまたたちまちの中に村で指折られる金持になった。しかしどうしたものか何年かの後には、その八卦が次第に当たらなくなり、家もいつの間にか元通りの貧乏になって、末にはどこかの往来でのたれ死にをしたということである。飯綱（いづな）は皆こういうもので、その術には年限のようなものがあって、死ぬ時にはやはり元の有様に戻ってしまうものだと伝えられている。（後略）（『拾遺』第二〇一話）

飯綱使いの話である。飯綱は長野県飯綱山の神から伝授された呪法といわれている。管狐（くだぎつね）は想像上の小さな狐で、これを操り祈祷や占いを行うという。この祈祷師は竹管の中にこの狐を入れて運ぶので管狐という。おそらくこの話の某もこの竹管に金を支払い譲り受けたのであろう。彼は、これを買い取ることによって大きく自分の運命を変えることになる。それまで貧乏であった某は、村中で富貴自在の家となった。

言い換えれば、某は、管狐、すなわち自分の運命をいくばくかの銭貨で買い取ったことになる。自分の将来の運命を買い取るという〈交換〉がここには成立している。これはあたかも『物語』第六三話の魯鈍な女が運命を与えられるのに似ている。この女の場合は、向こう側から与えられた、いわば純粋贈与のようなものであった。これに対してこの話は相互で納得した互酬関係が成立している話になっている。というより自分から「欲しくてたまらず」積極的にこれを譲り受けたのであった。マヨイガという異界に対して抱いた女の素朴な感情、あるいは山への信仰は、ここでは金銭的な、より経済的な欲求にすり変わっているのだ。今村仁司（ひとし）のことばを借りれば「交易は人間の相互行為のすべてである。それは形式的には人と人、人と自然、人と人工物との間で、なんらかの仕方で交通し、それを通して、観念または想念と事物を場所的に移転し、そうすることである種の満足をうることである」とあるように[6]、某は自分の運命である管狐を受け取り、移転されることによって未来への幻想の中に生きた。それは繁栄と没落と悲惨な死であったけれども、それはこの話が立ち上がってきた時代のリアルな金銭的な世の中をも象徴しているようにも思われる。

注

（1）カール・ポランニー『経済の文明史』日本経済新聞社、一九七五年三月。
（2）マーシャル・サーリンズ『石器時代の経済学』法政大学出版局、一九八四年二月。
（3）柳田国男「一つ目小僧その他」（『柳田国男全集』第五巻）筑摩書房、一九九八年一月。尚、初版は小山書店、一九三四年。
（4）山村精「榀布―遙かなる祈りの布―」（『日本の布　原始布探訪』（別冊『太陽』日本のこころ）一九八九年秋号）、平凡社、一九八九年十月。
（5）鈴木久介『遠野市の歴史』熊谷印刷出版部、一九九三年七月。
（6）今村仁司『交易する人間』（講談社選書メチエ）講談社、二〇〇〇年三月。

（補遺）
サーリンズのいう否定的互酬性については、本論の趣旨とは直接的には関係しないために本論では述べなかった。しかし、『物語』には、彼のいう範疇に属する話がないわけではない。サーリンズは、この否定的互酬性の類型を次のように定義する。

この関係は、極端なかたちをとった時には、相手の交換する物を値切り、場合によっては、強請等、力ずくでその物を略奪する。そういう関係にあるのが否定的互酬性である。

こうした観点に立つと、『物語』の山男に関する話は、にわかに新たな意味を持ってくる。たとえば『物語』の「山男」の項目には八つの話が挙げられているが、じつにその内の半数、四話は、すべて里の娘が山男にさらわれ、略奪された話である。一番、短い話を引く。

遠野郷の民家の子女にして、異人にさらはれて行く者年々多くあり。ことに女に多しとなり。（第三一話）

この「異人」は、「山男」の項目に入っているから、山男と考えていい。とすると、里人は、里の子女の行方不明の要因を山男の拐かしと考えていたのである。すでに触れたがこの時期の柳田は「山男」の概念に、まさに「異人」を重ねて考えていた可能性があった。（このへんの事情は赤坂憲雄の『山の精神史』（小学館、一九九一年九月）に詳しい）。したがってこれを、柳田の幻想と考えてもいい。あるいは吉本の言うように里の共同体から離脱した娘は、決して幸福にはなれない、という教訓を含んだ話と読んでもいい。逆から言えば、里の娘の中には、親の決めた結婚を嫌って、駆け落ちした者もあったろうし、事情があって密かに里から逃れた者もあったろう。それをすべて山男の仕業として幻想し、またそうすることで娘のいなくなった家の面目もたち、あるいは山で生きているという一縷の希望をそこに点すことにもなったのである。

しかしながら、そうであったとしても、若い娘が山の世界に拉致され、強引に連れ去れるという想像力は、尋常なことではない。ということはレヴィ・ストロース流に言えば、娘は〈里〉と〈山〉を結ぶコードであり、逆にこの二つの世界が深い関係にあったことを示している。山男の存在が幻想であったとしても、山の世界には、木地師（きじし）がおり、山師がおり、さまざまな生業の者が動いていたのであり、そうした者と里人の経済的な交渉は意外に深かったのである。そのように考えればこの否定的互酬性は、里人と山男の間にあった心的関係の一つの表現とみることができよう。

山男に〈里〉の娘が略奪されるという幻想は、里人にとっては恐怖であり、畏怖すべきことであった。しかし、一方では娘という里の〈財〉を、強引に奪い取られることは、見方によっては、負の贈与であったとしてもよい。贈与という点にたてば、それは返礼無き贈与であり、貸借関係においては、里人は山男に負債を負わせた優位な関係にある。つまり里人が山男に抱いたものは、一方では畏怖の感情であったが、他方では相手を侮蔑する心情でもあった。すでに述べたように『物語』の山男へのコンプレックスは、このような負の互酬関係において成立してきたものであったのである。

初出一覧

Ⅰ　里と山

〈異界〉から遠野物語を読む―流動化する世界像―（『文芸研究』第一〇一号、明治大学、二〇〇七年／再録・リバティアカデミーブックレット24『『遠野物語』を読む』、明治大学リバティアカデミー、二〇一四年三月）

遠野物語の山の怪異―山の神・天狗・山男―（リバティアカデミーブックレット34『『遠野物語』を読む4』、明治大学リバティアカデミー、二〇一七年三月）

トリックスターとしての狐―里山と里人の交流―（リバティアカデミーブックレット36『『遠野物語』を読む5』、明治大学リバティアカデミー、二〇一八年三月）

子供と遊ぶ神仏　あるいは流行り神について（書き下ろし）

Ⅱ　他界と異界

『遠野物語』が書かなかったこと―現実と共振する他界―（『文化継承学論集』第九号、明治大学、二〇一二年三月）

『遠野物語』に描かれた「魂」（リバティアカデミーブックレット24『『遠野物語』を読む』、明治大学リバティアカデミー、二〇一四年三月）

『遠野物語』と「水の女」（リバティアカデミーブックレット32『『遠野物語』を読む3』、明治大学リバティアカデミー、二〇一六年三月）

Ⅲ　異界と交易

『遠野物語』の鮭と狼、色々の鳥（書き下ろし）

奥州・白鳥織りの伝承（書き下ろし）

ウツロ船伝承と馬娘婚姻譚―二つの絹文化の東伝―（リバティアカデミーブックレット24『『遠野物語』を読む』、明治大学リバティアカデミー、二〇一四年三月）

『遠野物語』の「長者屋敷」について（書き下ろし）

交易する『遠野物語』
（リバティアカデミーブックレット24『『遠野物語』を読む』、明治大学リバティアカデミー、二〇一四年三月）

遠野昔話の深層
―貨幣と消費経済―

堂野前 彰子

はじめに

本書に収録されている遠野論は、「異界」から『遠野物語』を紐解くものとなっている。誤解を招かないためはじめに断っておくと、ここでいう「異界」とは、現実世界を支えるもう一つの世界であって、いわゆる「他界」ではない。記紀神話の世界観に置き換えるなら、オオクニヌシが訪れた「根の国」が最もそれに近いだろうか。単なる死者の国でなければ理想郷でもなく、再生を果たすことのできるそこは、まさに「葦原中国（あしはらのなかつくに）」という現実を支えるもう一つの世界であった。古代日本文学のみならず、琉球文学や韓国文学までも研究対象としていた永藤靖の、文学研究の根底にあったのはそのような世界認識であり、遠野をはじめとする東北では、その「異界」が現実と地続きで常に共振しているという。

その遠野における「異界」は、時に「山」の世界であったり、あの世であったりするのだが、一方で遠野に対する都会をさすこともあり、現実と非現実という単純な区分ではない。時間的にも空間的にも「現在」と対立する世界が「異界」であり、最も広く「異界」を定義するとすれば、現実・現在の共同体の生活以外は、すべてが「異界」となるだろう。『物語』においては「里」に対する「山」が「異界」にあたる。しかし、その二項対立は確定されたものではなく、外部をどこに設定するかによってその対立項は変化する。「門」を境とすれば「家」と「村」であり、「敷居」を境とすれば、「屋敷」と「庭」となる。それを永藤は、どこを境とするかでその分節化も変わってくる、と鋭く指摘している。

そのような分節化の区切りを、第一部では「里と山」という空間的な視点から、第二部では「他界と異界」という時間的な視点から、第三部では「異界と交易」という経済行為の観点から論じており、「異界」があってはじめて「交易」という経済行為は成立するのであり、遠野はモノの運搬で栄えた交易都市であったという主張が、本書遠野論の通奏低音でもある。その時「交易」はモノの交換にとどまらず、人と人との交流や文化・伝承の伝播まで含むことは、本書がすでに述べてきた通りである。

私がこの小論で論じたいのは、そのような「交易」を支えていたのは『物語』のような伝承や人々の噂話であり、そのような「話」を聞くことにより、遠野の商人たちは取引の相場を決めていたということである。「銭なしでは一日とて暮らせない」（本書「〈異界〉から遠野物語を読む」）遠野の消費経済について、遠野地方に伝えられた昔話まで範囲を広げ考えてみたいと思う。

一　金使いの荒い妻

佐々木喜善が著した本の中に、『老媼夜譚』（一九二七年）という昔話集がある。その「自序」によれば、大正二年（一九一三）正月に知り合った辷石谷江婆様から聴いた話を、一〇三話選んでまとめたものだという。一月下旬から三月初めまでの五十日間、時に早朝から夜の十二時過ぎまで薄暗い炉辺に座り、小さい頃その祖母から聴いたという話を谷江婆様は語って聴かせた。話につまるとその場に居合わせた他の者が代わって話をしたらしく、ところどころにそのような挿話が収められている。収録の順番は谷江婆様が語ったそのままで、その冒頭は「雉子ノ一声の里」という話からはじまっている[1]。以下概略を記す。

薪取りの森平は森で道に迷い、大樹の洞を宿にしていると、出産のある家へと向かう塞ノ神や箒神を目にした。夜が明けて帰って来た神々は、同日に生まれた森平の男の子と隣家の女の子に、それぞれ「一日藁一本か九十九の宝の持ち運」を授け、二人が将来夫婦になることも取り決めてきたと言った。帰ってみるとその通りに子供が生まれており、二人の子供は成人して夫婦となった。夫婦は手広く取引をして九十九の倉を持つ長者になったが、妻は酒飲みで金使いが荒かった。小心者の夫は妻のせいで百戸前の長者になれないと考え、旅の六部（六十六部の経を納めて諸国霊場を巡礼する行脚僧）に相談した。すると六部は、土蔵の屋根の上で「朝日の舞」を舞っている小人を射たらよいと教えた。教えられたままに小人を射るとたちまち家は傾き、それも妻のせいだと考えた夫は妻に下女をつけて追い出してしまった。

妻と下女が途方に暮れていると、美しい三人の娘が通りかかった。その娘たちとともに「雉子の一声の里」へ行こうとするが、山道の険しさに娘たちを見失ってしまう。仕方なく野宿をしようとすると向こうに灯りが見え、その家を訪ねて一晩の宿を借りた。その家には美しい娘がおり、大根料理をふるまってくれた。翌朝娘の姿がなかったので探しに出てみると、大根を抜いた畠の穴から酒が湧きだしており、妻はその酒を町で売って大酒屋となった。

一方、残された夫はますます貧乏になり、繁盛している酒屋があると聞いて草履を売りにきた。妻はその姿を見て憐れみ、黄金を藁に包んで夫に持たせたが、夫は藁を火にくべてしまう。再び草履を売りにきた夫の変わらぬ姿を見て、お結びの中に小判を入れて与えたが、夫はそれを石の代わりに鴨に投げつけてしまう。三度目に来た時もみすぼらしい姿だったので、妻は夫を酒屋の下男として雇ったという（「雉子ノ一声の里」）。

一読してわかるように、この昔話は三つの部分からなっている。前半はいわゆる「産神問答」に該当するもので、同日に生まれた子供の福分は、誕生した時すでに神によって定められている。貧しくなる運命の男と裕福になることを約束された女が夫婦になることによって、その運命の不公平さは中和されているように見えるのだが、裕福なのは妻のおかげだと知らない夫は、妻を家から追い出してしまう。その次に語られるのは、追い出された妻が再び裕福になる話で、一晩の宿を借りた家の、大根を抜いた畠の穴から湧き出た酒を売って、妻は大酒屋になる。後半は『大和物語』一四八段「蘆刈」に類似する話(2)で、妻を追いだした男は貧しくなり、長者となった妻と再会してその家の下男になった。

このように、前半は「産神問答」に分類される昔話、後半は「蘆刈」に類似する昔話となっており、その中間に酒によって富を得る話が語られている。それぞれが「富」にまつわる話となっていて、その時、いつでも「富」は女の側にあった。おそらく「富」とは、女性の出産能力と結びついて幻想されるものなのだろう。

ところでこの話で不思議に思うのは、「朝日の舞」を舞う小人を射るくだりである。ここではその正体は不明だが、同じく「産神問答」に分類される『紫波郡昔話集』「右衛門太郎と左衛門太郎」では、夫が弓矢で射た翁は福の神であった。(3) 以下概略を記す。

右衛門太郎とその隣に住む左衛門太郎は、ある時一緒に山に泊まっていた。ともに身籠った妻がおり、男の子と女の子が生まれたら結婚させようと約束した。その晩、大勢の神たちがその小屋の前に集まって来て、山の神一人が遅れてきた。その理由を尋ねられると、右衛門太郎と左衛門太郎の家の出産に立ち会っていたからで、右衛門太郎の家に生まれた女の子は運を持っているが、左衛門太郎の家に生まれた男の子は鉈一丁しか持たない福分だ、と山の神は答えた。

家に帰ってみると山の神が語った通りに子供が生まれており、二人の子供はやがて夫婦になった。左衛門太郎の家は田地田畑を買い入れ豊かになったが、夫はゆっくり朝寝をしたいと考え、その方法を占わせた。朝早く屋根の上で舞う白髭の翁を、蓬の矢とウツ木の弓で射るとよいというので、夫はそれに従って弓を射た。左目を射抜かれた翁は蔵の中でうなっているところを妻に発見され、自分は福の神だと告げ家から出て行った。その後その家は貧乏になり、それを妻のせいだと思った夫は妻を家から追い出した。

行く当てもない妻は、いっそおいぬ（狼）に食われて死のうとしたが、「お前は本当の人間だから食わない、食うのは狐や犬の頭をした人間だ」とおいぬに断られる。さらに、「自分のまつげをかざして見ると本当の姿がわかる、一人だけ本当の人間が通るからそれに従っていけ」と教えられ、まつげを三本渡された。妻がまつげをかざして町の往来を見てみると、人間の頭をしたものは誰も通らない。夕暮れになってようやく、人間の頭がついている炭焼きと出会う。その炭焼きについて行くと炭焼小屋の近くには沢があり、沢の踏み石は黄金だった。また、沢の水は酒だったのでその酒を売って商売をはじめ、繁盛してそのあたりは茶屋も立ち並ぶ町場となった。

一方、妻を追いだした夫はますます貧乏になり、鉈一本持って山に入り、剥いだマダの皮を売って生計をたてていた。町場でマダの皮を売った帰り、夫は妻の酒屋で酒を飲むようになった。それを知った妻が握り飯に金を入れて与えると、夫はそれに気づかず握り飯を犬に与えてしまう。次に金を入れた竹杖を与えると、それも酒屋の前にいた童に与えてしまった。最後に妻は自分の正体を明かし、竈の火焚きとして夫を飼い殺しにしたという（「右衛門太郎と左衛門太郎」）。

この話でも、屋根の上で舞っていた翁が射られ、その翁が福の神であったためにその家は没落した。小人にせよ翁にせよ屋根の上で舞を舞う姿は、「朝日長者」伝承の長者を思わせるだろうか。その伝承の一つ鳥取の昔話「湖山の池」では、田植が終わらなかったので沈む太陽を扇で招き返した長者は、罰（ばち）があたって田が湖底に沈み没落したという。(4) 扇で太陽を招く背景には稲作儀礼における太陽信仰があると考えられ、土蔵の屋根の上で舞う小人はスクナヒコナならぬ穀霊神の面影があるだろう。スクナヒコナとは記紀神話でオオクニヌシと共に国造りをした神で、母神の掌から落ちた小さな神であった。そのような穀霊神を弓矢で射る傲慢さは、本書「奥川・白鳥織りの伝承」でも取り上げた『山城国風土記』逸文「伊奈利社」の、餅の的を射る人間の驕りに同じである。

とはいえ、遠野地方の昔話には稲作農耕の要素があまり感じられない。森で迷った森平は薪取りであるし、妻が再び富を得るのは酒の売買によってである。酒の原料は米であり、土蔵に貯えられているのは主に米であったとしても、「湖山の池」のようには「田植え」が語られないこともあって、稲作農耕民の間で語り継がれた話だとは思われないのである。

そもそも「朝日長者」伝承と呼ばれる昔話の中には、豪族の屋敷跡に黄金を埋めたという黄金埋蔵伝承もあり、そこでは黄金のありかは「朝日さし夕日輝くそのもとに黄金千枚瓦万枚」という歌に示されている。歌にいう朝日夕日は黄金に輝く宝そのものをさしているに違いなく、それを得るということは金鉱を掘り当てることの暗示であろう。とすれば、この長者の原形は田畑を多く持つ豪農ではなく金山師であったと考えるべきで、そのような長者の姿は『物語』第七六話にも語られている。

　長者屋敷は昔時長者の住みたりし址（あと）なりとて、そのあたりにも糠森（ぬかもり）といふ山あり。長者の家の糠を捨てたるがなれるなりといふ。この山中には五つ葉のうつ木（ぎ）ありて、その下に黄金を埋めてありとて、今もそのうつぎの有処（ありか）を求めあるく者稀々にあり。この長者は昔の金山師なりしならんか、このあたりには鉄を吹きたる滓（かす）あり。恩徳（おんどく）の金山もこれより山続きにて遠からず。（『物語』第七六話）

ここでも黄金を埋めた長者は金山師ではないかと推測しており、金の採掘で財をなした長者とその没落が示唆されている。この話は本書「『遠野物語』の「長者屋敷」について」でも取り上げられていて、長者の住んでいた「糠森」という地名は山のような糠が屋敷から出たことを意味し、それほど大量の米を消費したのは多くの人々を雇い入れたからだ、と結論づけられている。おそらく雇われた人々とは鉱山労働者であり、うつぎの木の下に埋められた黄金は、「朝日長者」伝承に同じく金鉱の暗喩であった。

また同様の話が『拾遺』第一三一話や伊能嘉矩（いのうかのり）の『遠野のくさぐさ』第一束五「金森山の長者屋敷」(5)にもあり、前者では土淵村字琴畑の、後者では小友村南方にある金森山の長者屋敷の話になっている。それらによれば、金の鶏や漆万杯の話が伝わる館跡はこれ以外にもいくつかあり、そのような伝承に詳しかったのは境木峠で茶屋をしていた乙蔵であった（『物語』第一二話）。乙蔵が多くの伝承を知っていたのは往来の駄賃付から話を聴いたからで、どんなに些細な話であっても人々が欲したのは、それらの話から漁獲量や収穫高など景気の動向を知り、相場を決めていたからである(6)。

因みに小人や翁を射るように告げた六部や占いも、多くの情報を持つ者であった。小友町朴木（ほうのき）金山は六部の教えによって金の採掘がはじまったといい(7)、六部とは新しい技術や知識を伝える者でもあった。占い師の予言もまた、一般的に過去の類例から未来を推測しているに過ぎない。交易の対象は情報でもあって、経済行為の根幹をなすのはそのような情報収集であった。その情報に基づいて商品取引がなされるのは、今も昔も変わらない。

このように「朝日の舞」に黄金埋蔵伝承の残滓をみるとして、「右衛門太郎と左衛門太郎」で妻が再婚した炭焼きもまた、鉱山事業を担う者であった。例えば島根県菅谷山内（すがやさんない）における製鉄法は、炉内のたたら炭の隙間を落下する間に砂鉄が鋼（はがね）や銑（ずく）になるというもので、[8]その際必要になる炭は「山子（やまこ）」と呼ばれる専従者たちが焼いていた。製鉄集団が漂泊の民だといわれる所以はたたらに大量の炭を必要とするからであり、炭の原料となる木材がなくなればそれを求めて移動せざるを得ない。遠野にもそのような炭焼きが多くおり、喜善の『江刺郡昔話』は、彼が住む集落の山奥にいた炭焼きから聴いた話だという。[9]

では昔話において炭焼きとは、どのような存在であったのだろう。次に挙げる『老媼夜譚』の「炭焼長者」から考えてみたい。以下概略を記す。

ある鍛冶屋の妻は金使いが荒く、このままでは富貴になれないと考えた夫は、子供と一緒に妻を家から追い出した。奥山に入っていくと汚らしい爺様が住んでいる炭焼き小屋があり、妻はそこで一晩の宿を借りた。翌日妻が懐から金を出して米を買ってくるように言うと、そんな石なら炭焼き窯のまわりにいくらでもある、と爺様は言った。見ると窯のまわりには黄金が転がっており、それを運び入れると小屋いっぱいになった。その爺様は自分の影法師に米をやるような変わり者だったが、妻はそのまま爺様の家に居つき、黄金で米を買い大工をやとって家を建て、炭焼き長者と呼ばれるようになった。

一方、鍛冶屋の夫は妻を離縁した後、鎌を打とうとすれば鉈になり、仕事ができなくなって乞食になった。ある時、家の前にいる乞食を見ると別れた夫だったので、妻は米三升を与え、米が無くなったらまた来るようにと言った。再び夫が姿を現したので、下男として置くことにしたという（「炭焼長者」）。

ここでは、同じく製鉄にかかわる鍛冶屋と炭焼きが、町と山という対比の中で語られている。町で暮らす鍛冶屋は、黄金の価値を知っているから金使いの荒い妻を追い出し、黄金の価値を知らなかった山の炭焼きは、その価値を妻に教えられて長者になった。そもそも山に暮す炭焼きにとって、黄金は役にたたない石ころに過ぎず、斧の原料となる鉄の方がはるかに価値のあるものであった。喜善の『聴耳草紙』（一九三一年）に収録されている「黄金の鉈」でも、鉈を湖に落としてしまった爺様は、湖の中から現れた美しい女から黄金の鉈ではなく自分の鉈を返してもらうことを願っている。[10] 自分の鉈を望んだ爺様を正直者だとして、その女は黄金の鉈をも爺様に与えるのだが、イソップ物語の「金の斧」に類似したその伝承で、爺様が自分の鉈の返却を望んだのは正直者だからではない。木を伐るのに役立つのは使い馴れた自分の鉈であり、爺様にとって黄金の鉈は無用なものであった。そこには町とは異なる山の暮しと価値観がある。

つまり「炭焼長者」で語られているのは、黄金の価値を知ることによって山の暮しが町の消費経済に組み込まれていくことであり、その新しい価値を教えるのが妻であることに注目するなら、「雉子ノ一声の里」でも共通して妻に冠されている「金使いの荒い」という言葉が、消費経済を象徴していることに気づくだろう。黄金に象徴される貨幣は、所有しているだけでは新たな富を生まない。それは使用されてこそ価値があり、「金使いの荒い」という大量の消費が経済を活性化させ、莫大な富を生む。いつまでも夫が貧しいままであるのは、与えられた金に気づかなかったからではない。金を犬や子供に与えてしまい、貨幣経済の外へおしやってしまったからである。[11] 交換の場で使用されない金に貨幣的な価値はなく、金を石と同等に扱ってしまったことに貧しさの要因はある。そのような貨幣の仕組みをこれらの話から読み取ることができ、それが遠野の昔話の特色であるのは、遠野という町が交易都市であったからに他ならない。

二　遊女狐の報恩

ここで遠野の金山について触れておくと、遠野には小友町を中心に五〇以上の金山があった。遠野の金が平泉の黄金文化を支えていたという伝承もあり、『続日本紀』には陸奥国小田郡（宮城県遠田郡涌谷(わくや)町）からはじめて金が産出されたという記録（七四九年）があるものの、遠野の金山が文献に見えるのは江戸時代になってからである。[12]『遠野古事記』（一七六三年）によれば、小友は昔からあった町ではなく、金山が繁盛した時に自領他領から大勢の人が集まり、餅や酒、強飯、煙草、履物などの商売をする仮小屋がかけられたところであった。金山の発掘が止まってからは、人首(ひとかべ)への馬継場としたが往来する人馬が少なく、その打開策として市を立てるも人が集まらず、市日も絶えてしまったという。[13]金が発掘されれば一夜にして町はできるが、採掘が止まれば町も人も消えて寒村に戻るしかない。それが『物語』第七六話に語られている、長者伝承の真相である。

とすれば、『物語』に語られるマヨイガ伝承もまた、長者伝承の変奏としてみることもできるだろう。人気のない立派な家は山中の理想郷として考えられてきたが、金鉱の町においてそれは、一瞬にして富を失った長者という現実であった。『物語』第六三話の、少し魯鈍な妻が川を遡ってマヨイガに行き着いた話は、砂金の採れる川を遡って金鉱を掘り当てたことを語っているのかもしれない。[14]「右衛門太郎と左衛門太郎」で沢から黄金を発見したというのも、川岸に溜まった砂金を集めて金を採取したことをいうのだろう。小友町の金山に蒟沢(こごみざわ)、蟹沢(かんざ)、僧ケ沢(そうがさわ)、荷沢(にざわ)など「沢」がつく名前が多いのは、沢から砂金が採れたことを示しているに違いない。そういえば、続く『物語』第六四話でマヨイガに行き着いたのは、金沢村から嫁いできた妻である。その話では、無欲な妻はマヨイガに行くことができたが、貪欲な夫は行くことができなかったと語られていて、話の焦点が「無欲さ」に当てられているのも、『聴耳草紙』の「黄金の鉈」やイソップの「金の斧」に同じである。マヨイガ伝承の細部には金山師を思わせるものがあり、「右衛門太郎と左衛門太郎」で酒屋が繁盛して町場が出来たというくだりは、金山が発見されて町ができたという『遠野古事記』の記述と一致する。

実際の小友町はその記述とは少し異なり、古くから海岸と内陸を結ぶ宿場町として栄えていた(15)。その周辺には多くの金山が密集しており、昭和三十八年に仙内(せんない)金山が廃業するまで金の産地であった。一般的に金山の寿命は短く、五年から二十年で一旦廃山になり、忘れられた頃復活するものの、やがて閉山するということを繰り返していた。小友のように、中世から近世にかけて金山師の槌音が絶えなかったところは珍しかった(16)。

また、小友町の西来院という寺には三十二枚の供養絵額が残されており、その数が他の地域よりも多いのは、この町が金山で栄えて裕福であったからだと、寺を訪れた折堂守(どうもり)が教えてくれた。供養絵額とは生前の暮しを描いて死者を供養したもので、今の値段にして一枚二万円ほど、それを描いたのは明治維新で失職した武士であった。最も古い一八四五年のものから最後に奉納された一九一七年のものまで、遠野市内には百四十七枚の供養絵額が確認できる(17)。色鮮やかな供養絵額は陰湿なあの世のイメージとは正反対のものであり、その当時の町の暮しを写し取っていた。肖像写真が奉納されるようになってその風習は廃れたが、供養絵額が描かれなくなった本当の理由は、金山で潤った贅沢な暮しがなくなり、描くべき世界が消えてしまったからではないか。

そのような金山の繁栄が遠野の昔話「炭焼長者」を支えているとして、もう一つ気になることがある。それは黄金の発見のみならず、酒の売買によって富を得ていることである。ここでゆくりなくも思い起こされるのは、『丹後国風土記』逸文の「奈具社」である。その伝承では、真奈井という沼のほとりで八人の天女が水浴びをしていると、通りかかった翁がそのうちの一人の衣を隠してしまう。衣を隠された天女が天に上れずにいると、自分の娘になって欲しいと翁は言った。天女はそれを承諾して娘となり、翁のために酒を醸した。その酒は一杯飲めば万病に効くというもので、翁の家はたちまち豊かになった。すると翁は、もともとお前は実の子ではないとし、娘を家から追い出してしまった。娘は天に上ることもできず各地を彷徨った末、奈具の地に来て鎮まり、豊宇賀能売命（とようかのめのみこと）として祀られるようになったという（「奈具社」）。

この伝承でも酒は富を得る手段となっていて、「一杯（ひとつき）の値（あたひ）の財（たから）」は「車に積みて送れり」というほどであった。同じ酒にまつわる話でも、孝行息子が石の間に涌く酒を見つけ、それを父親に飲ませたという『十訓抄』の「養老の滝」伝承とは、本質的に異なっている。(18)その伝承では酒は父親の好むものであり、それを発見した息子の孝心に焦点が当てられている。それに対し「奈具社」伝承や遠野の昔話では、酒は病に効く薬であると同時に売買されるものであった。

では、売買の対象となる酒の背後には、どのような世界が広がっているのだろう。次に挙げる『老媼夜譚』の「コン吉馬鹿」から考えてみたい。以下概略を記す。

少し頭の足りないコン吉は奉公に行っても長続きせず、その度に家に戻ってきていたが、ある時、親から五両もらって修行に出ることにした。コン吉は町はずれで殺されそうになっていた狐を三両で買い、野原で放してやった。江戸に出たコン吉は小間物店の主人に可愛がられ、算術などを習い生まれ変わったような別人になった。コン吉は長年その店で働いていたが、故郷が恋しくなって暇乞いをし、給金と土産物をもらって帰路についた。

故郷に帰る途中コン吉は野原で美しい娘に出会う。その娘はかつてコン吉が助けてやった狐で、礼をしたいので家に来てほしいという。続けて狐は、「私の両親にお金を遣るといわれたら、お金の代わりに娘が欲しいと言いなさい」と教えた。はじめ狐の両親は娘が欲しいというコン吉の申し出をしぶっていたが、結局娘と馬五匹分の荷物をコン吉に与えた。帰郷してみるとコン吉の家は零落しており、コン吉は娘が瓢箪からだした酒で商売をはじめた。娘の器量が評判となって酒屋が繁盛すると、江戸吉原から娘を買いにきた。娘の言う通りに五百両で売ると、娘は吉原の立派な遊女となった。娘がいなくなって酒屋の客足は遠のき、コン吉は店を畳んで娘に会いに行った。コン吉が吉原まで来るとちょうど娘は大名に買われて花見に行くところであり、花見から戻るや娘は病気になり息をひきとった。コン吉が二百両の悔み金と屍を故郷に持ち帰ると、娘は生きかえって稲荷の氏神にしてほしいと願い、今度は本当に死んでしまった(「コン吉馬鹿」)。

この話はいわゆる狐の報恩譚であり、少し頭の足りない男が狐を助けたことによって富を得ている。『物語』第六三話でも少し魯鈍な妻がマヨイガに至っており、「頭の足りない」や「魯鈍」は神に選ばれた印であった[19]。それは「正直」とも同義であって、それゆえに富が約束されている。最初は瓢箪から出した酒を売ることによって、次に娘が遊女になったことによって、コン吉は多くの富を手にする。その時、富が「五百両」や「二百両」など貨幣によって示されていることは注目に値する。富の基準はもはや米や黄金でなく貨幣であり、この昔話が舞台とするのは貨幣が流通する社会であった。

また『老媼夜譚』の「遊女狐」でも、武芸者に助けられた狐は娘に化けて遊女となり、多くの金銭を残して死んでいく。(20) 氏神となることを願うのは「コン吉馬鹿」に同じであり、とすれば、この二つの昔話の深層にあるのは、商売繁盛と結びついた稲荷信仰なのだろう。一般的な報恩譚であれば、助けた動物は嫁となって子孫を残したと語られるのに、ここでの報恩はそのような子孫繁栄ではなく商売繁盛であった。収穫の時期に里を訪れる狐は穀霊神であったが、(21) 遊女に化けた狐は消費経済の中心に鎮座する稲荷神となった。『物語』第二一話でも孫左衛門は、家を富ます術を授かろうとして稲荷神を庭に祀っている。その利益（りやく）なく家は没落してしまったけれど、稲荷神は京という都会から勧請した新しい神であった。(22)

そしてその稲荷神が酒や遊女を媒介として語られるのは、遊郭が人間の欲望を満たすべく酒を消費する場所であったからだろう。永藤の言葉を借りるなら、遊郭とはまさに「欲望の肥大化」した理想郷であり、それは貨幣が飛び交う消費経済の縮図としてある。遊女狐の報恩譚の背景には、そのように高度に発達した貨幣経済があった。

終わりに

海岸と内陸との物流で栄えた遠野は、「山奥には珍しき繁華の地」（『物語』第一話）であった。その遠野で最も多かったのは市に集まってくる人々を相手にした酒屋と食物屋であり、[23]明治以降遠野には七軒の遊郭があったという。[24]『老媼夜譚』に語られる遊女の世界は、実際の町の姿でもあった。『拾遺』第二五二話に「青笹村の関口に、毎日毎日遠野の裏町に通って遊ぶ人があった。その遊女屋の名が三光楼であったゆえに、土地の者はこの人をも三光楼と呼ぶようになったが、しまいにはそれが屋号になって、今でもその家をそういっている」と語られ、『遠野案内』（一九一一年）では、神社仏閣や景勝地、工場や割烹店と並んで遊郭が紹介されている。[25]駄賃付で栄えた町は、人と貨幣が集まる歓楽街でもあって、消費経済の発達したその町では「銭なしでは一日とて暮らせな」かったのである。

注

（1）佐々木喜善『復刻版 老媼夜譚』（校訂佐藤誠輔）遠野物語研究所、二〇〇八年一月。尚、初版は郷土研究社、一九二七年九月。

（2）「葦刈」とは、ある夫婦が貧しさのあまり別れ、妻は高貴な人の後妻になって裕福になったが、再会した時夫は貧しいままであり、それを恥じ歌を残して去ったという話。

（3）柳田国男編集『岩手県紫波郡昔話集』三省堂、一九七三年十月。

（4）柳田国男『日本の昔話』角川文庫、一九八三年六月。最初の刊行は『日本昔話集』上、アルス社、一九三〇年五月。
（5）伊能嘉矩『遠野のくさぐさ』は未発表作品。明治四十年から大正三年頃まで項目を書き足していったという（『遠野の民俗と歴史』菊池照雄「解説」三一書房、一九九四年十月）。
（6）拙稿「『遠野物語』の世界―現実から物語へ―」（『『遠野物語』とその周辺2』）明治大学リバティアカデミー、二〇二〇年三月。
（7）谷川健一『列島横断　地名逍遥』冨山房インターナショナル、二〇一〇年五月。
（8）『和銅博物館総合案内』和銅博物館、二〇〇一年五月。
（9）菊地照雄『遠野物語をゆく』梟社、一九九一年七月。
（10）佐々木喜善『聴耳草紙』ちくま学芸文庫、二〇一〇年五月。尚、初版は三元社出版、一九三一年。また、この話の後半では、黄金の鉈を欲した隣の爺様は、それを得られないばかりか自分の鉈も失っている。
（11）永藤もまた、流通せず新たな収益を生まない貨幣を「貨幣の死」だとする（「『遺老説伝』と風土記の研究」（『明治大学人文科学研究所紀要』第六六号、二〇一〇年三月）。
（12）特別展示図録『金山繁昌―黄金に魅せられた人々』遠野市立博物館、二〇一六年七月。
（13）宇夫方広隆『遠野古事記』（編集・発行遠野文化研究センター）二〇一六年三月。
（14）（6）に同じ。
（15）内藤正敏『遠野物語の原風景』荒蝦夷、二〇一〇年五月。
（16）（9）に同じ。
（17）特別展示図録『供養絵額―残された家族の願い』遠野市立博物館、二〇〇一年八月。

(18) 浅見和彦校注・訳『十訓抄』小学館、一九九七年十二月。尚、「養老の滝」伝承については柳田国男「孝子泉の伝説」に詳しい（『柳田国男全集』巻七、筑摩書房、一九六二年十一月）。

(19) 拙稿「「幸福なラザロ」あるいは「芳公馬鹿」―善良な人々―」（『『遠野物語』とその周辺2』）明治大学リバティアカデミー、二〇二〇年三月。

(20) (1)に同じ。

(21) 本書「トリックスターとしての狐―里山と里人の交流」、並びに粂稔子「狐と稲荷信仰」（監修五来重『稲荷信仰の研究』）山陽新聞社、一九八五年五月。

(22) 紙面の都合上触れないが、稲荷信仰については近藤喜博『稲荷信仰』（塙書房、一九七八年五月）や中村禎里『改定新版　狐の日本史―古代・中世びとの祈りと呪術』（戎光祥出版、二〇一七年六月、初版二〇〇一年六月）に詳しい。

(23) (6)に同じ。

(24) 遠野物語研究所編著『注釈　遠野物語拾遺』下、遠野物語研究所、二〇一三年五月。尚、同書によれば第二五二話の「三光楼」は実在せず、実在する「三階楼（さんがい）」をもじったとする。

(25) 松山繁二『遠野案内』（編集・発行遠野文化研究センター）二〇一七年三月。

あとがき

永藤先生は栃木県宇都宮のご出身で、抑揚のない平坦なイントネーションでお話しになる方であった。酔うと時折高校時代のお話をなさることがあり、指先を煙草のやにで黄色にした小説家志望の少年は、登校するのはもっぱら午後になってからであったという。成績優秀な不良少年は級長も務めていたから、何故か無遅刻無欠席で（出席名簿の管理は級長の役目）、皆勤賞になるところを担任の先生から、「お前は該当しないよな」と笑って確認されたらしい。高校生が煙草を吸うことも午後から登校することも本来許されないことなのに、それを教師も黙認していたというのだから、長閑な時代であったと思う。

かれこれ十年くらい前のことになるだろうか。栃木県小山市のあたりを流れる思川に沿って、ウヂノワキイラツコを祭神とする神社が点在することをお知りになり、その調査に同行させていただいたことがある。ウヂノワキイラツコとは仁徳天皇の弟で、皇太子であったにもかかわらず、兄に皇位を譲り自害した皇子である。その名の示す通り、宇治の出身であった皇子は宇治周辺にゆかりはあるものの、それ以外の地域にはその皇子を祭神とする神社も伝承もほとんどない。それなのに、宇治から遠く離れた栃木県のその地域には、ウヂノワキイラツコの足跡のようなものが確認できる。それを先生は、ウヂノワキイラツコを奉斎する人々が移住してきた証であり、ウヂノワキイラツコは治水の神、航海安全の神として下野の人々から崇敬されていた、と論文にして発表なさった（「悲劇の王・菟道稚郎子の行方―

相模から下野へ――」(『日本古代学』第五号、明治大学日本古代学教育・研究センター、二〇一三年三月)。

それ以来先生は、宴席などで話が弾むと、実は自分はウヂノワキイラツコの末裔である、と冗談をおっしゃるようになった。系譜とはそのように誰か一人の思いつきで書き換えられるものであり、昔話や伝承にとって大切なことは信じる力なのだという真実が、その言葉の裏にはある。もちろんその背後には、皇位継承に敗れた悲劇の皇子が、人々の中に息づいていることへの共感もあった。

そのような先生が晩年ご興味をお持ちになったのは、宇都宮に近い東北の文化であった。『遠野物語』を取り上げた論文を発表なさるようになり、最晩年には、悪路王伝承の謎を追いかけて旅する老教授の小説を書きはじめたとうかがっている。お若い頃はフランス文学を専攻され、背が高くすらっとしたたたずまいは、さぞかし都会的であったと想像する。十八歳の時から東京暮らしなら、いつでも標準語を身につけることはできたはずなのに、先生は最後まで郷里の言葉を手放さなかった。先生は故郷と決別して自身の文学を確立されたが、その根底には父なる言葉としての郷里の方言があった。故郷の話をなさることは稀であったけれど、先生の中には捨てきれない宇都宮の風土が沁みついていたのだろう。それが先生をして、遠野研究に向かわせた理由なのだと思う。

『遠野物語』の本を出したいということで、先生から原稿を預かったのはどれくらい前のことだろう。すぐに出版社に連絡したものの、先生のご体調が優れないこともあって具体的な話が進まず、どのような形で本にできるだろうと悩んでいるうちに、先生はお亡くなりになってしまった。先生の生前に本にできなかった自分の不甲斐なさが情けなかった。

途方に暮れていた私を励まし、本書に寄稿してくださったのは、十年来の研究仲間である袴田光康氏である。平安文学を専門とする袴田氏とは永藤先生を通じて知り合い、もっとも信頼のおける友人でもある。また、本書の校正を手伝ってくださった今泉康弘氏は俳人かつ評論家で、先生の御嬢さんの遺稿集をいただいたことを機に交流するようになった。お二人なくして、この本は出版できなかったと思う。この場をおかりしてお礼を申し上げます。

表紙の写真をご提供くださった立野正裕氏は、明治大学の名誉教授で、英文学がご専門である。永藤先生と長きに渡り同僚であり、お若い頃、ウィリアム・モリスの研究家である小野二郎先生の勉強会で、お二人はご一緒なさったこともあったという。遠野のご出身であり、写真提供は永藤先生のご意向でもあったためお願いしたところ、快く引き受けてくださり、コラムも寄せてくださった。同じくコラムにご寄稿いただいた日向一雅氏もまた、明治大学の名誉教授であり、ご専門は平安文学である。二十年来の同僚で、永藤先生とともに明治大学文学部日本文学専攻を牽引してこられた。韓国の文学や民俗に詳しい日向先生のご案内で、江陵端午際や済州島ヨンドン祭などの調査に、お二人はご一緒なさったこともある。フィールドワークと言えば、三人目のコラム執筆者である居駒永幸氏には、沖縄をはじめとする国内の民俗調査で、永藤先生は大変お世話になったという。居駒先生は永藤先生と同じく日本古代文学の研究者であり、明治大学古代文学研究所の活動を通じてお二人はご一緒するようになった。共同体内部に分け入って調査を行う居駒先生に、「ぼくには到底まねできない」と永藤先生はいつも感心なさっていたことを思い出す。お忙しい中、コラムにご寄稿いただいた三人の先生方には本当に感謝の言葉しかありません。

そしてなによりも感謝しなくてはならないのは、出版を引き受けてくださった三弥井書店の吉田智恵氏と、遺稿集の出版を快諾し、私に一任してくださった永藤先生の奥さま美智子氏である。お二人にも心よりお礼を申し上げます。

最後に本書永藤先生のご論文に関して、次の二点に関して断っておく。

・明らかな誤字・脱字や、表記の不統一などは編者が加筆・修正したが、内容にかかわるような箇所については表記を統一せず、著者が記したそのままとした。

・著者原稿に出典が明記されていなかった引用文献に関して、直接引用ではないものについては、著者が参考としたと考えられる書籍名を例として挙げた。

先生の遠野論がどのようなものであるのか、それについては拙稿の冒頭で述べているのでそちらを参照していただきたい。先生の研究に寄り添い、私なりの遠野論を書いたつもりである。しかし読み返してみると、所詮先生の掌で格闘しているように思われ、師匠というものの偉大さを改めて感じた。「ペン先で考えろ」と教えてくださり、「書いたものしか信じない」とおっしゃっていた先生の声が、今でも聞こえるような気がしている。

先生が本書を喜んでくださることを願いつつ。

二〇二〇年七月六日、永藤靖先生のご命日に。

堂野前　彰子

執筆者紹介

永藤　靖（ながふじ　やすし）

1941年、栃木県宇都宮市生まれ。博士（文学）。元明治大学文学部教授。専攻は日本古代文学および日本伝承文学。著書に、『古代日本文学と時間意識』（未来社、1979年）、『中世日本文学と時間意識』（未来社、1984年）、『風土記の世界と日本の古代』（大和書房、1991年）、『古代説話の変容―風土記から日本霊異記へ―』（勉誠社、1994年）、『日本霊異記の新研究』（新典社、1996年）、『琉球神話と古代ヤマト文学』（三弥井書店、2000年）、『古代仏教説話の方法』（三弥井書店、2003年）、『日本神話と風土記の時空』（三弥井書店、2006年）などがある。

日向　一雅（ひなた　かずまさ）

1942年、山梨県生まれ。明治大学名誉教授。博士（文学）。専門は国文学。著書に『源氏物語の主題―「家」の遺志と宿世の物語の構造』（桜楓社、1983年）、『源氏物語の王権と流離』（新典社、1989）、『源氏物語の準拠と話型』（至文堂、1999年）、『源氏物語　その生活と文化』（中央公論美術出版、2004年）、『源氏物語の世界』（岩波新書、2004年）、『源氏物語　東アジア文化の受容から創造へ』（笠間書院、2012年）などがある。

立野　正裕（たての　まさひろ）

1947年、福岡県生まれ。1965年、岩手県立遠野高校卒業後、明治大学に入学。明治大学名誉教授。近現代の英米文学のほか西洋文化史を研究。著書に『精神のたたかい』『黄金の枝を求めて』『紀行　星の時間を旅して』『紀行　辺境の旅人』ほか多数。

居駒　永幸（いこま　ながゆき）

1951年、山形県村山市生まれ。明治大学経営学部教授。専攻は日本古代文学、日本民俗学。主要著書『古代の歌と叙事文芸史』（笠間書院、2003年）、『東北文芸のフォークロア』（みちのく書房、2006年）、『歌の原初へ　宮古島狩俣の神歌と神話』（おうふう、2014年）。

袴田　光康（はかまだ　みつやす）

1964年、宮城県生まれ。静岡大学人文社会科学部准教授・同教授を経て現在は日本大学文理学部教授。博士（文学）。専門は平安文学。著書に『源氏物語の史的回路―皇統回帰の物語と宇多天皇の時代』（おうふう、2009年）、共編著に『源氏物語の新研究―宇治十帖を考える』（新典社、2009年）、『源氏物語を考える―越境の時空』（武蔵野書院、2011年）、『三国遺事の新たな地平』（勉誠出版、2013年）などがある。

堂野前　彰子（どうのまえ　あきこ）

1966年生まれ、神奈川県横浜市出身。博士（文学）。明治大学大学院後期博士課程修了。現在明治大学経営学部兼任講師。専攻は日本古代文学。著書に『日本神話の男と女―「性」という視点』（三弥井書店、2014年）、『古代日本神話と水上交流』（三弥井書店、2017年）、共著に明治大学リバティアカデミーブックッレト『『遠野物語』を読む』１～５（明治大学リバティアカデミー、2014～2018年）、『『遠野物語』とその周辺』１・２（明治大学リバティアカデミー、2019～20年）などがある。

共振する異界　遠野物語と異類たち

2020（令和２）年10月５日　初版発行

定価はカバーに表示してあります。

発行者　吉田敬弥

発行所　株式会社　三弥井書店

〒108-0073東京都港区三田3-2-39

電話03-3452-8069

振替00190-8-21125

ISBN978-4-8382-3370-0　C0039　　整版・印刷　亜細亜印刷